家国情怀

中国人的信仰

刘哲昕 著

学习出版社

图书在版编目（CIP）数据

家国情怀 ：中国人的信仰 / 刘哲昕著. -- 北京 ：
学习出版社，2019.4

ISBN 978-7-5147-0896-7

Ⅰ. ①家… Ⅱ. ①刘… Ⅲ. ①爱国主义教育一中国
Ⅳ. ①D647

中国版本图书馆CIP数据核字（2019）第067282号

家国情怀：中国人的信仰

jiāguó qínghuái ：Zhōngguórén de xìnyǎng

刘哲昕　著

责任编辑：李　琳
技术编辑：周媛卿

出版发行：学习出版社
北京市崇外大街11号新成文化大厦B座11层（100062）
010-66063020　010-66061634　010-66061646
网　　址：http://www.xuexiph.cn
经　　销：新华书店
印　　刷：北京盛通印刷股份有限公司

开　　本：710毫米×1000毫米　1/16
印　　张：12
字　　数：127千字
版次印次：2019年4月第1版　2019年5月第2次印刷

书　　号：ISBN 978-7-5147-0896-7
定　　价：39.00元

写在前面

承蒙读者们的厚爱，《我们为什么自信》一书于2018年4月出版后，获得了不少好评。书中对8个“当代中国最重要、最难缠的问题”的回答也引起了很多人的共鸣。之后，出版社的编辑老师提出了一个建议，希望我将这本书最后3章的内容充分展开，专门写一本《家国情怀：中国人的信仰》，必要的重复没有关系，关键是家国情怀的命题具有时代意义，值得用一本书的格局来充分阐释。

重复的命题要想写出点新意，可不是一件容易的事。直到有一天，我在无意中瞥见了书架上的《理想国》，心中忽然一动：为什么我不能像柏拉图那样，采用对话的方式来诠释“家国情怀”这个命题呢？人到中年，自然是读过几本书的。倘若有人来问我，你最喜欢哪本书呢？相信我的答案一定是——《论语》和《理想国》。不无巧合的是，这两本书都是采用的对话体。只不过，《论语》是箴言式的短对话，而《理想国》采用的是打破砂锅问到底的长对话。在我看来，对话的文体有助于让真理越辩越明，特别适合用来辨析一些争议性的命题。在那个群星闪耀的“轴心时代”，这种文体之所以会如此盛行，与孔子、苏格拉底这些思想巨人“述而不作”的习惯大概是分不开的吧。我不知道后来究竟是什么原因导致这种美丽的文体逐渐稀少乃至绝迹，我只知道关于中国人的信仰问题从来都弥漫着各种各样的疑惑和偏见。既然如此，为什么我们不可以效仿《理想国》，借助对话体的方式，对这个问题进行一次有效的澄清呢？

这就是这本《家国情怀：中国人的信仰》的由来。对话体的第一次尝试让我写作的心情变得生机盎然。开始动笔的时候，我正在冰天雪地的祖国最西边境为柯尔克孜族护边员开展义务巡讲。于是那段时间里，我白天巡讲，晚上写作；回到老家过年，自然也是埋头写作，连除夕夜都不放过，也不知道得罪了多少亲戚朋友。整个假期，我都沉浸在这场时空交错的虚拟对话之中，而对话的场景则被我不假思索地设定在了5·12汶川特大地震的震中所在地——映秀，原因十分简单：我对于“家国情怀”的认识，就是在5·12汶川特大地震中升华的。

记得2008年时，我正在写一本专著《文明与法治——寻找一条通往未来的路》。我在寻找什么路呢？寻找中国的民主法治之路——我是学法律的。2008年5月11日，我写完了全部的内容。然而，我并不满足，还想再增写一章——“精神”。因为我相信，如果一个民族没有了灵魂，即便有再完备的制度，也不过是一具漂亮的空壳而已。因此，我决心从制度的领域出走，用自己的心和笔，描绘中国人的爱恨与情怀，呈现中华民族的心魄和灵魂。然而我没有力气写下去，因为那是2008年，改革开放30周年的日子。经过30年市场经济的利益分化，中国人的关系早已被金钱离间了。中国人还能够团结吗？我不敢相信。犹豫再三，我决定还是停笔休息一段时间。然而，我只休息了1天。第2天，就是2008年5月12日。下午2点28分，天崩地裂，汶川特大地震爆发。梦游10多天之后，我回到书桌前，含着热泪，写下了第六章——“精神”，其中第一节的主题就是——“中国人的家国情怀”。所以说，“家国情怀”对我的深刻触动就是从5·12汶川特大地震开始的。正是这一场来自地狱的酷火，让中国人骨子里的那份信仰从此凤凰涅槃，浴火重生。

从那以后，这场地震就成了我生命中永恒的烙印，而汶川也就这样成了我精神上的故乡。这10年来，我已经完全记不清自己究竟多少次回汶川了。唯一能够肯定的是：每年的5·12纪念日，我一定在汶川，在映秀。那天下午，我一定会来到映秀小学，为孩子们颁发奖学金，为老师们颁发奖教金，然后跟孩子们说上一段心里话。我曾走遍汶川的山山水水，为每个乡村的干部群众巡回宣讲“家国情怀”；我也曾在4·20芦山地震爆发的当夜，孤身进入震中，寻找汶川民兵救援队，与他们一起抗震救灾；我还曾在7·10汶川特大山洪泥石流中，身负几十斤救灾物资，攀越悬崖绝壁，与死神且战且走。在一次又一次的灾难现场，我曾亲眼看见整座山头在眼前垮塌，将山村掩埋，将河流截断；我也曾亲眼看见我的战友们为了保护群众，被飞石击中，被气浪掀落，壮烈牺牲。这10年来，汶川于我，早已不是地理的名称，而是生死的眷恋；家国情怀于我，早已不是概念的抽象，而是血肉的真实。因此，将这场关于家国情怀的虚拟对话设定在汶川映秀，乃是冥冥之中注定的必然。

本书的基本脉络是：己亥年正月初三，我带着两名少数民族的孩子来到映秀过春节，在映秀书院里邂逅了两名志愿者，从而展开了一场关于中国人信仰问题的炉边对话。两名孩子一名是维吾尔族的，另一名是藏族的，名字也最具民族特色——古丽和卓玛。两名志愿者一名是大学生志愿者，代表着年轻一代对中国人信仰的迷茫；另一名是外国志愿者，代表着西方社会对中国人信仰的偏见。对话由两条主线相互交织而成：一条主线是我对两个孩子开展的家国情怀教育；另一条主线是我对两名志愿者提出的挑战和质疑的回应。全场对话有交锋，也有共识；有理性，也有感性。

需要着重指出的是：参与对话的这些人物都是虚构的，甚至包括“我”。然而，每个虚构的人物都有其现实生活中的原型。这个原型，可能是一个真实的人，也可能是一个真实的群体。阿依古丽和求吉卓玛是我在新疆、藏区乃至云贵大山、内蒙古草原长期结对助学的众多孩子的美好缩影；而李勇则是曾经与我生死与共的汶川战友们的典型代表。我曾为众多的大学生乃至中学生、小学生讲解过家国情怀的内涵；也曾与许多外国人、港澳同胞乃至基督徒就中国人的信仰问题进行过深入的对话，他们就是书中的小安和丹尼尔的现实原型。至于书中“我”的原型，自然便是我自己了。不过，最最重要的是：可以负责任地说，对话中的每个故事，不管是历史的，还是当下的，全部都是真实的。甚至，连绝大多数的问答都曾经在现实生活中真实地发生过。因此，这本书所做的，其实就是在用一条虚拟的脉络，将所有曾经发生过的真实全部串联起来。

这是我一生中第一次采用对话体写作，这种体验是无与伦比的。对话的文体让本书的写作变得如此简单，因为我突然发现，人类的思维原来是口语的，而不是书面语的。没错，人类发明语言已经有几十万年的时间了，而发明文字不过区区5000多年，进化决定了人类的思维必然是跟语言而不是跟文字的关系更为密切，这大概正是《理想国》和《论语》这样的作品能够垂范至今的重要原因吧。然而，对话的文体也让本书的写作变得如此的艰难，因为写着写着，我就突然意识到，我控制不住这些虚构的人物了。他们拥有了自己的人格，要说他们该说的话，要问他们该问的事，我堵不住他们的嘴——他们活了。因此，待我蒙头写完全部文稿之后，自己都有点忐忑不安：这还算是一个理论读本吗？出版社能接受这样的文稿吗？所以，无论如何，感谢学习出版社的信任与厚爱，一次次地鼓励我踏入全新的领地，一次次地容许我拓展理论的边界。对话必然带来探讨，探讨自然带来发散。尽管初稿之后我们已多做删改，然而对话体的本质属性决定了这种探讨与发散是在所难免的。为了作品本身的生命，我已竭力周全，剩下的，也只能交给读者的睿智和包容了。

2019年2月3日，就在本书写作的时候，习近平总书记在春节团拜会上发表重要讲话，要在全社会大力弘扬家国情怀，培育和践行社会主义核心价值观。中华民族源远流长的家国情怀，迈步走进了波澜壮阔的新时代。

刘哲昕

2019年3月于上海浦东

1

生命何其有限，世界何其无限。在这有限和无限之间，人类遭遇到了自己的终极性矛盾——生与死的矛盾，有限和无限的矛盾。所谓信仰，就是人类超越生命限度的本能。

2019 年己亥春节，正月初三的傍晚，我带着阿依古丽和求吉卓玛，从成都双流机场驱车来到了汶川县映秀镇。汶川战友李勇早已在映秀的东村客栈等候我们多时了。

◇**李勇：**刘哥，终于又见到您啦！从机场直接过来，一路上还顺利吧？

◆**我：**很顺利，都汶高速畅通无阻，1 个多小时就赶到映秀了。

◇**李勇：**那就好。这两位小妹妹就是您经常给我们提起的

映秀东村客栈

古丽和卓玛吧？

◆**我：**是的，这位是阿依古丽，这位是求吉卓玛。阿依古丽和求吉卓玛学习成绩都特别优秀。去年夏天，两个人同时考上了内高班，可把我开心的。我很早以前就对她们许诺了，考上内高班，我就带她们到内地来过一次春节，现在就是兑现诺言的时候了。这次活动我筹划了好久，为孩子请好假，买好机票，然后分别请当地的朋友送她们登机。我自己早早从上海飞到成都，在双流机场接上她们俩。老天爷帮忙，一切都很顺利。古丽，卓玛，这位是刘叔叔当年抗震救灾时的战友，李叔叔。

链接

内　高　班

内高班是对内地西藏高中班和内地新疆高中班的统称，是中央为西藏和新疆两地专门制定的一项特殊教育政策。1984 年，中共中央印发 22 号文件，决定自 1985 年开始，在内地 16 个省市的中等以上城市，各自选择一两所条件好的中学举办西藏初中班。从 1989 年起，开始举办西藏高中班和中专班。截至 2018 年，全国共有 20 个省市 64 所学校举办西藏高中班，每年招生 3500 人，在校学生达到 1.3 万余人。2000 年，中央决定举办内地新疆高中班。经过 3 次大规模扩招，截至 2018 年，全国共有 14 个省市 93 所学校举办新疆高中班，每年招生 1 万人，在校学生达到近 4 万人。2011 年，开始举办内地新疆中职班，截至 2018 年，招生专业 50 个，在校生近 1 万人。内地西藏班和内地新疆班的举办，极大地改变了这两个地区的教育面貌，让数以万计的少数民族孩子走出西藏和新疆，到内地求学，从而踏上了人生的新旅途，他们的命运因此而改变。而绝大多数学生在学成之后又回到西藏和新疆工作，成为建设边疆的栋梁之材。

◇**阿依古丽：** 李叔叔好。

◇**求吉卓玛：** 李叔叔好。

◇**李勇：** 古丽和卓玛好。刘哥，你们吃过饭了吗？

◆**我：** 刚才在机场，我怕她俩饿着，已经带她们吃过了。

◇**李勇：** 好的，那你们先洗漱一下，然后咱们一起到映秀书院喝茶去，晚些时候咱们再去吃夜宵。明天上午，当年和您一起抗震救灾的战友们都要来见您。不过，听说您今晚要到，有两位最近刚好在映秀活动的志愿者也很想见见您，人已经在书院等着了。

◆**我：** 哦，志愿者。现在的映秀真是越来越有吸引力了，春节期间居然还有志愿者在活动。

◇**李勇：** 是啊，去年春节前夕习近平总书记到映秀视察之后，汶川人把建设全国重要的爱国主义教育基地当成了自己的使命，映秀的人文气息真的越来越浓了，您一直推动的映秀书院不也落成了吗？

◆**我：** 是啊，书院虽小，也是人文。爱国主义教育基地，不是爱国主义旅游基地。咱们要想教育别人，自己先得有文化。对了，这两位志愿者是从哪儿来的？

◇**李勇：** 一位是大学生志愿者，成都的，在搞假期社会实践；另一位是外国志愿者，一家国际公益组织的负责人，汶川地震之后来映秀多次了，汉语说得很流利。

◆**我：** 还有外国志愿者啊，那咱们就一起去见见吧。你稍等一会儿，我们马上就好。

从东村客栈出发，我们步行几十米，就来到了映秀书院。书院里已经生起了一盆炉火，两位志愿者正坐在炉火旁看书，《映秀花开了》的歌声在书院里淡淡地回旋着。室外天寒地冻，室内温暖如春，看到我们进来，两位志愿者放下书迎了上来。

◇**李勇：**刘哥，这位是丹尼尔先生，是一家国际公益组织的负责人，来过汶川很多次了。这位是小安，从成都来的大学生志愿者。丹尼尔先生，小安，这位就是刘教授。

◇**丹尼尔：**刘教授好，早就听汶川人说起过您，一直很想认识您，没想到会在映秀的春节遇见了。

◇**小安：**刘教授好，我是小安，我们一直在等着您呢。

◆**我：**丹尼尔先生好，小安好，欢迎到映秀过春节。这炉火真好，咱们一起坐下来聊吧。李勇，你去“茶祥子”那里拎

映秀书院

一壶茶过来吧。

◇**李勇：**好的，刘哥。

李勇从书院隔壁的“茶祥子”茶坊拎来了一壶茶，给每个人倒上了一杯热气腾腾的黑茶。我、阿依古丽、求吉卓玛、李勇、小安和丹尼尔，一起围坐在火炉边，品着茶。

◇**阿依古丽：**叔叔，这是什么茶，挺好喝的。

◆**我：**这是咱们映秀自己生产的黑茶，品质很好，叔叔特别喜欢喝。你知道吗，在映秀，不管是本地人，还是游客，这杯茶都可以免费自取。

◇**阿依古丽：**免费自取？为什么呢？

◆**我（笑）：**因为这里是汶川，是映秀啊。

◇**阿依古丽：**汶川，映秀，是因为这里发生过地震吗？

◆**我：**是的，这就叫作“涌泉之恩，滴水相报”。

◇**求吉卓玛：**叔叔，您是不是说反了，是“滴水之恩，涌泉相报”吧？

◆**我：**卓玛不错呀，会不少成语了。不过叔叔这次是故意说反的。几年前，我就跟汶川人说，地震之后，无数大爱汇聚汶川。汶川承受的，早已不是“滴水之恩”，而是“涌泉之恩”了。汶川不可能有“涌泉相报”的能力，全国人民也不会要求汶川以涌泉相报。既然如此，那就以滴水相报吧。一滴水，可以让我们看见一个大海；这一杯免费自取的茶，足以让我们感受到那份不曾忘却的记忆。

◇**阿依古丽：**我有点懂了。叔叔，您带我们到汶川过春

茶祥子茶坊

节，是不是也跟这个原因有关啊？

◇**求吉卓玛：**我也正想问呢。叔叔，您说带我们到内地过春节，却没有去上海，也没有去福建，我就一直在琢磨为什么呢？

◆**我：**是的，虽然没有提前告诉你们为什么，但是你们还是猜出来了。汶川是汉族、羌族、藏族和回族共同居住的地方，春节的年味很浓。古丽第一次来内地过年，到汶川体验是很适合的。而卓玛刚刚从高原下来，不能一下子到海拔太低的地方。汶川地处青藏高原和成都平原的交界处，有 1000 米的海拔，对卓玛比较合适。不过，这些都不是最重要的。最重要的还是你们刚才说的，这里曾经发生过一场举世震惊的特大地震。这场地震虽然夺去了数万同胞的生命，然而也凝聚了中华民族的爱和力量。可以说，这里承载着中华民族的共同记忆，也承载着中华民族共同的精神信仰。叔叔之所以带你们到这里来过春节，就是要让你们领会和铭记一些最珍贵的东西。

◇**丹尼尔：**对不起，刘教授，您刚才说，这里承载着中华民族共同的精神信仰。我有个很冒昧的问题，不知道能不能说出来呢？

◆**我：**丹尼尔先生请讲。

◇**丹尼尔：**其实在我们看来，中国人并没有真正的宗教信仰。当然了，有些中国人也会到寺庙里烧香拜佛，不过以我们的标准来看，这些都有点太随意了，似乎还称不上是真正的信仰。这个问题不知道您是怎么看的呢？

◆**我：**这是个好问题。您刚才说，中国人没有真正的宗教信仰。其实这个说法并不是今天才有，自从1793年乔治·马戛尔尼访华以后，西方社会就一直是这么认为的。

◇**丹尼尔：**您指的是当年英王乔治三世的公使马戛尔尼先生吧？

◆**我：**是的。当年马戛尔尼作为英国的正使，以祝贺乾隆皇帝80大寿为名，率领使团出使中国。这也是西欧国家第一次正式出使中国。抵达中国之后，因为觐见乾隆时应该磕头还是不应该磕头，发生了礼仪之争。不过这不是重点，重点在于：马戛尔尼的使团从天津港进来，从广州港出去，游历了整个东部中国，写下了大量的游记，向西方社会介绍中国，从而揭开了古老中国的神秘面纱。在他的游记里，马戛尔尼写过这么一句话："中国的宗教，没有一个对信徒的行为产生多大的影响。中国没有正式的国教，也没有拥有垄断特权的教派。”马戛尔尼的游记对当时的欧洲人产生了很大的影响，而“中国人没有宗教信仰”这个印象也从此留在了西方人的观念之中。

◇**丹尼尔：**的确如此，我正是这个意思。

◆**我（笑）：**您是不是还想说，一个没有信仰的民族是可怕的，因为他没有来生的希望，就不会有今生的敬畏，所以做事没有底线，临死前什么都敢干？

◇**丹尼尔（笑）：**我没有这么说中国人。不过从道理上讲，没有信仰的民族的确是可怕的，难道不是吗？

◇**小安：**刘教授，其实这个问题也困惑了我很久。现在的社会的确有好多事情让人看不懂，比方说，地沟油、毒奶粉、假疫苗……我有时候也想：要是中国人有信仰，就应该有底线，怎么会做出如此伤天害理的事呢？

◆**我：**小安，你有这样的想法很正常。不过在我看来，地沟油、毒奶粉这些事情，与中国人有没有信仰并没有必然因果关系。

◇**小安：**什么叫作“必然因果关系”？

◆**我：**我是学法律的，法律人的思维讲究必然因果关系，而不是或然因果关系。比如你要指控一个人犯罪，那就必须证据确凿充分，而且要唯一、排他地指向这个人，绝不能是“可能”“也许”。

◇**小安：**您的意思是，地沟油、毒奶粉这些事情与中国人有没有信仰并没有必然因果关系？

◆我：是的。我们用一个反证，就可以证明这一点。比方说，你说天鹅都是白的，那么我只要找到一只黑天鹅，就可以证明你的判断是错的。西方人说中国人没有信仰，说明他们认为自己是有信仰的。什么信仰呢？当然是基督教信仰了。基督教信仰从罗马帝国时代开始，至今已有2000多年的历史了。那我们不妨一起看看，这2000多年来西方人都干过些什么。远的就不说了，说近一点的。马克思在《资本论》里这样写道，牛奶有19种掺假方法，面包有20种，烧酒有23种，面粉有24种，巧克力有28种，葡萄酒有30种，咖啡有32种。每天吃的面包中含有一定量的人汗，并且混杂着脓血、蜘蛛网、死蟑螂和发霉的德国酵母，更不用提明矾、砂粒以及其他可口的矿物质了。什么地沟油、毒奶粉，西方人全都干过。而且，干的时间比我们早，比我们长，也比我们狠。丹尼尔先生，我这样说，不算过分吧？

◇丹尼尔：您说的是那个资本罪恶的年代，这些都是事实。

◆我：马克思还说了："他们在整整10年内，每天用10小时从那些必须靠人放到凳子上才能干活的幼童的血中抽出丝来。"这句话揭露的是英国纺织业的童工现象。《雾都孤儿》里的雾都，不是北京，也不是上海，而是伦敦。1952年，伦敦还发生过一次严重的毒雾事件，先后毒死了1.3万多人。当西方人干这些事情的时候，他们的教堂不是一直开着门吗？你不是有信仰吗，怎么也干这种事？所以我说，用一个反证就可以

电影《雾都孤儿》剧照

证明，地沟油、毒奶粉这种事件，与中国人有没有信仰没有必然因果关系。

◇**丹尼尔：**那与什么有必然因果关系呢？

◆**我：**与资本有必然因果关系。任何一个民族在穿越资本的时代，都不可避免地会受到资本的异化，西方人如此，中国人也如此。资本如同拥有巨大质量的黑洞——黑洞可以扭曲一切，光都不能逃逸；资本同样可以扭曲人心，扭曲灵魂。现在，我们比拼的是：谁能够更快地穿越资本的泥沼，摆脱资本的异化，进而驾驭资本为社会服务。

◇**丹尼尔：**我得承认，您说的是有道理的。其实，即便到了今天，资本失控的问题依然还在威胁着西方社会。前几年美国"占领华尔街"运动的时候，我也参加了抗议行动。

◆**我：**看来丹尼尔先生不属于1%的资本，而是属于99%的人民。“占领华尔街”的时候，我也刚好在美国，还专程去抗议者聚集的祖科蒂公园走了一圈。回到刚才的话题上来，虽然我从反面证明了地沟油、毒奶粉这些事件与中国人有没有信仰没有必然因果关系，但是我并没有从正面证明，中国人到底有没有信仰？

◇**丹尼尔：**是的，刘教授，我很想知道您的答案。

◆**我：**要搞清楚中国人有没有信仰，首先就得搞清楚什么是信仰。如果连什么是信仰都没搞清楚，就奢谈中国人有没有信仰，岂非言之过早？

◇**丹尼尔：**那您认为什么是信仰呢？

链接

“占领华尔街”运动

2011年9月17日，美国宪法日当天，1000多名抗议者聚集曼哈顿，发动了“占领华尔街”的抗议行动。随后，抗议者在纽约证券交易所门前的祖科蒂公园安营扎寨，打出“我们代表99%的社会”的牌子，抗议华尔街大金融机构贪婪无度、缺乏自律，敦促政府加强对金融机构的监管，“占领华尔街”运动进入长期化，并逐渐成为席卷全美的群众性社会运动。10月8日，抗议行动再次升级，1000余名示威者在首都华盛顿游行，部分示威者在国家航空航天博物馆同安保人员发生冲突。10月25日，美国奥克兰警方向示威人群使用警棍清场，事件演变为流血冲突。11月15日凌晨，纽约警方突然发起行动，对“占领华尔街”抗议者在祖科蒂公园搭建的营地实施强制清场。“占领华尔街”运动暴露了美国金融资本主义的贪婪本质与社会痼疾，成为人们重新认识资本主义社会的新契机。

◆**我：**让我们从源头说起吧。我们每个人在出生不久之后，就会产生一个明确的概念，那就是——我们知道自己必将死亡。每天早上我们醒来，推开窗户，我们感到清风拂面而来，我们闻到花儿有芳香，孩子们在欢笑，爱情如此的甜蜜。然而，所有这一切将会随着我们的死亡滑入一片无边的渊暗，一切都不复存在了——死去元知万事空。要命的是，你死了，地球还在转着呢，只是跟你没有关系了。生命何其有限，而世界又何其无限。于是，就在这有限和无限之间，人类遭遇到了自己的终极性矛盾——生与死的矛盾，有限和无限的矛盾。面对这个矛盾，人类陷入了深深的恐惧之中。面对恐惧，人要做出自己的抗争。按照我的理解，人大概有两种基本的抗争方法。第一种方法就是：既然生命是有限的，那么我就要珍惜生命、爱护生命。我不让这辈子白过，临死前觉得，自己该体验到的也都体验到了，没有太多的遗憾。这就是人的第一本能——珍惜生命的本能。不过，这种本能并不高级。为什么呢？因为蝼蚁尚且偷生，何况于人？所以我相信，面对死亡，人还有第二种抗争方法，那就是：既然生命是有限的，那我就要努力超越生命的限度，达到无限。生命是一座监狱吗？四周都是高墙，狭窄而又苦痛，那我就要想办法越狱而出，达到自由。这就是人的第二本能——超越生命的本能。我们给这种本能取了个名字，就叫作——信仰。因此，所谓信仰，就是人类超越生命限度的本能。

◇**小安：**所谓信仰，就是人类超越生命限度的本能。

◆**我**：是的。从某种意义上说，这也是人类区别于普通动物的根本标志之一。如果一个人没有了信仰，无论你怎么折腾，都折腾不出珍惜生命的范畴——不就是吃得好点、住得好点吗？几十年之后，一切了了，都不是你的了。因此，我的观点是——所谓信仰，就是人类超越生命限度的本能，是人类区别于普通动物的根本标志之一。

◇**丹尼尔**：我是一名基督徒。坦率地说，我自己是不会这么思考信仰问题的。但是从理性的角度来说，您的观点应该是对的。

◆**我**：谢谢丹尼尔先生。虽然我们的信仰不同，但是并不妨碍我们以基本的理性精神探讨问题，您说呢？

◇**丹尼尔**：我同意。其实，按照您的理论，宗教信仰不就是为了帮助人们超越生命限度的吗？

◆**我**：没错。人世间的宗教有万万千，总结起来，大概就是两句话。第一句话就是——这里有个天堂，你今生好好做人，爱社会，来生你会升入天堂得到永生；第二句话——如果你不好好做人，害社会，那么下辈子你会下地狱。不管是什么宗教，总是一个顶线的奖励，一个底线的惩罚。中间的张力，便是宗教信仰。现在你看，当你升入天堂得到永生的时候，你的生命限度不就被超越了吗？无限的生命，无限的世界，刚才所说的有限和无限的矛盾不就被你克服了吗？因此，在我看来，宗教信仰之所以具有如此大的魅力，就在于它迎合了人类解决自身终极性矛盾的根本需求。

◇**丹尼尔：**我同意您的观点。刘教授，我有个估计不是问题的问题——您是共产党员吗？

◆**我：**这的确是个不是问题的问题，我是一名共产党员。但是，正因为是一名共产党员，所以我深知共产党的看家法宝就是——实事求是。如果我们连宗教的基本价值都不了解，那么又该如何正确地与宗教打交道呢？

◇**丹尼尔：**我很欣赏您刚才所说的——“实事求是”。

◇**小安：**刘教授，我有一个问题：那您怎么看待科学与宗教的关系？不是说了吗——之所以会有宗教和迷信，那是因为人们认知世界的能力很弱。过去我们看到刮风下雨，电闪雷鸣，以为背后有一个全知全能的上帝在操控这一切。后来，我们认识到这不过是一种自然现象，我们能够解释其原理，甚至能够复制其现象，你就再也不能欺骗我了。所以，书上说了，科学进一步，宗教就退一步。等到未来科学极大发展了，宗教总有一天会消失的。

◆**我：**没错，我们过去所接受的教育的确是这么说的。

◇**小安：**那这个观点究竟对不对？

◆**我：**这个观点可以是对的。不过，要想对的话，得有一个前提。

◇**小安：**什么前提？

◆**我：**那就是——这个世界是有限的。你想想，如果这个世界是有限的，那么无论它有多大，我总能够通过自己认知的扩张，将所有的未知领域全部消灭完毕。一旦消灭完毕，你就再也不能骗我了。所以，如果世界是有限的，那么科学必将消灭宗教。然而问题就出在这个前提下。因为按照目前人类的认知水平，我们不得不承认，我们所面对的这个世界是无限的。那么，从哲学上说，你又该如何通过一个有限范畴的扩张，来消灭一个无限的范畴呢？古希腊哲学家芝诺把人的知识比作一个圆，圆的面积越小，代表着认知的世界越小，但是所接触到的未知边界也就越小；圆的面积越大，代表着认知的世界越大，但是所接触到的未知边界也就越大。如果将这个比喻用于理解宗教和科学的关系，也许我们就不得不承认，在未来相当长的一段时间里，我们还看不到科学彻底消灭宗教的那天。

◇**小安：**您的观点令人耳目一新，不过这个观点好像和正统理论有点不太一样啊？

◇**丹尼尔：**我同意刘教授的观点。我的大学专业就是天体物理学，然而科学训练并不会妨碍我的基督信仰。其实，在西方社会，科学和宗教的关系并不像唯物主义者想象的那样糟糕。尽管天主教会和科学界尤其是生物学界在人类的起源问题上至今还在不时地打着嘴仗，然而总体而言，西方社会早已不是当年宗教裁判所的那个时代了。

◆**我：**原来丹尼尔先生是学天体物理学的呀。既然如此，那您认为，西方社会之所以出现这样的情况，究竟是科学向宗教妥协了，还是宗教向科学妥协了？

◇**丹尼尔：**两种情况大概都有吧。当然，也许我不得不承认，主要还是宗教向科学妥协了。毕竟，科学的进步太大了。

◆**我：**没错，丹尼尔先生。在我看来，科学与宗教的关系之所以会有所缓和，最重要的原因还是宗教不再扮演阻挡科学前进道路的那个绊脚石的角色了。尽管我刚才说了，科学还有很多未知的领域，然而理性的力量是如此的强大，以至于宗教经典对这个世界的解释早已被高歌猛进的科学打击得千疮百孔，节节败退。宗教再不主动调整角色，为科学让道，怕是要逃不过被科学彻底碾压的命运。丹尼尔先生，我这样说，您不会生气吧。

◇**丹尼尔：**我不生气，我也跟您学习实事求是的态度。其实，当年的宗教裁判所就是试图阻挡科学的前进道路，从而制造了很多悲剧，也留下了不好的名声。

◇**小安：**是啊，当年的宗教裁判所不是还把布鲁诺送上了火刑架么。

◆**我：**古丽，卓玛，你们知道布鲁诺的故事吗？

◇**阿依古丽：**知道的，我们读过这个故事。

◇**求吉卓玛：**我也读过这个故事，布鲁诺是个科学家，后来被宗教裁判所烧死了。

◆**我：**没错，在近代科学刚刚爆发的年代，宗教为了阻挡科学，也算是竭尽全力了。不过，孩子们，你们知道吗，从某种意义上说，西方的宗教其实也曾为科学的发展作出过贡献。

◇**丹尼尔：**是啊，其实当年有很多神父都是科学家；或者说，有很多科学家都是神父。

◆**我：**没错。比如现代基因理论的先驱者孟德尔，就是19

世纪奥古斯丁修道院的一名神父。当年，孟德尔在修道院的花园里种了几万株的豌豆，以惊人的耐心进行长达8年的杂交实验，最终发现了遗传学三大基本规律中的两个。而修道院的院长对孟德尔的科学实验十分宽容，想象一下那满院子的豌豆花吧。

◇**阿依古丽：** 叔叔，我有点不太明白了。为什么会这么矛盾呢？

◆**我：** 这个问题对你和卓玛来说稍微有点困难，叔叔尽量说得简单点。基督教诞生于2000多年前，《圣经》中记载了上帝如何创造世界，如何创造人。其实在我看来，这大致上代表了2000多年前的人们对这个世界和对人本身的认识水平。到了几百年前，人类的认识能力开始爆

链接

孟　德　尔

格雷戈尔·孟德尔（1822—1884），奥地利帝国遗传生物学家。在布隆的修道院担任神父期间，孟德尔通过豌豆的杂交实验，发现了遗传学三大基本规律中的两个——分离定律和自由组合定律，被誉为“现代遗传学之父”。这场豌豆实验长达8年，需要惊人的耐心和辛苦的劳作。孟德尔从种子商那里弄来了34个品种的豌豆，挑选出了22个品种用于实验，这些品种都具有某种可以相互区分的稳定性状，例如高茎或矮茎、圆粒或皱粒、灰色种皮或白色种皮等。孟德尔通过人工杂交这些豌豆，对不同代的豌豆的性状和数目进行细致入微的观察、计数和分析，终于揭示了生物遗传的基本规律。然而，由于当时的科学界缺乏理解孟德尔定律的思想基础，导致孟德尔的研究被埋没了34年。20世纪初，几位科学家同时独立地“重新发现”孟德尔遗传定律，从此遗传学进入了孟德尔时代。随着DNA遗传密码的破译，人们对遗传机制有了更深刻的认识。

发，科学的大门终于被打开，出现了哥白尼的日心说和达尔文的进化论。这两个革命性的理论颠覆了《圣经》中关于上帝如何创造世界和如何创造人的说法，从而动摇了宗教的基石，因此遭到了教会的严厉打压。布鲁诺之所以被宗教裁判所烧死，就是因为他大力宣传哥白尼的日心说。不过，客观地说，除了这两条底线之外，对于其他方面的科学探索，只要不直接冲击《圣经》，教会也没有那么敏感。不仅如此，由于当年西方社会的知识很不普及，普通老百姓基本上没有受过什么教育，而教会里的神父都是有知识的人，教会又非常有钱，所以就出现了神父研究科学、教会资助科学这种看似奇怪的历史现象。

◇**阿依古丽：** 我明白了。

◇**求吉卓玛：** 我也听明白了。

◆**我：** 不过，在两个底线问题上，科学和宗教的冲突一直十分激烈。然而，真理就是真理，在科学的不断进步面前，苦苦支撑的宗教最终被迫后退。就这样，科学进一步，宗教退一步。不过，在我看来，宗教只是在后退，并没有认输。

◇**求吉卓玛：** 为什么不认输呢？

◆**我：** 这就要回到前面我们讨论的那个原因了。尽管科学的发展突飞猛进，然而前行路上依然还有无数的未解之谜。这就为宗教的后退提供了回旋空间，反正打不过就后退，就是不认输。

◇**阿依古丽（笑）：** 这有点像小时候我们班里的男孩子打架，明明打不过，也要嘴硬。

◆我（笑）：大概就是如此吧。科学是人类理性的火把，在原初蒙昧的黑暗中点亮，而且越来越亮。尽管火光之外的地方依旧黑暗，然而只要火把能够照亮的地方，黑暗就必将退去。于是，光明进一步，黑暗就退一步。如果黑暗不甘心后退，反而企图遮蔽光明，那就违背了这个世界的基本规律。宗教若是如此，轻则走向极端，重则沦为邪教。

◇阿依古丽：我明白了，原来这就是宗教极端背后的道理。

◆我：是的，古丽。你是在新疆长大的，应该看到过这种现象。前些年，新疆就有一些所谓的宗教人士，居然蛊惑老百姓生了病不要去看医生，只要请阿訇念个经就可以了。这就是打着宗教的旗号反科学，是典型的宗教极端。几年前，我看过一部电影《狼图腾》，描绘的是 20 世纪六七十年代一位到内蒙古草原插队的知识青年，发现蒙古族的牧民崇拜狼，崇拜“长生天”，看上去颇有信仰。不过，这并不会妨碍他们的孩子如果被狼咬了的话是会中毒的，是会死人的。现在，你是该去祈求狼，还是祈求“长生天”呢？不，这孩子需要一针青霉素。最后，那个知青骑马狂奔了几十里路，终于到卫生院抢来了一支青霉素。一针下去，就好了，这就叫作特效药，这就叫作科学。

◇小安：没错，我也看过《狼图腾》，对这个场景印象深刻。

◆我：所以，如果让我用一句话来形容科学与宗教的关系，那就是——“科学进一步门庭，添十分春色，宗教退一步海阔天空”。一般来说，在这种性命攸关的问题上，只要科学能够搞定的，自然应该让科学来搞定。什么时候宗教可以发挥作用呢？说得直白一点吧，如果今天我们穷尽人类的一切科学知识也救不了你的话，这个时候可以请个神职人员进来，念个经吧。

《狼图腾》是一部以狼为载体，讲述人与自然和谐共处的影片

◇**丹尼尔：**刘教授，我要为宗教说句话。我赞同科学的重要作用，但是您刚才的说法恰恰反映出了宗教的重要作用，那就是——抚慰心灵。其实，现代社会的科学已经十分发达，然而人们的心灵并没有真正获得自由。用我们基督徒的话来说，就是灵魂依然需要救赎，而这恰恰是科学做不到的事情。

◆**我：**您这话就说到点上了，让我们回到逻辑起点上来。前面我们说了——人类的终极性矛盾，就是世界的无限性与生命的有限性之间的矛盾。在探索世界的无限性这条战线上，虽然科学似乎还没有彻底打败宗教，但是几乎每一个回合都在赢，稍有理性的人都看得出谁会是最后的赢家。然而，在另一条战线上，科学的进展却远没有那么大，以至于一直难以压倒宗教。这条战线就是——解决生命的有限性问题。

◇**小安：**我明白了，尽管科学已经十分发达，但是人的生命依然是有限的。刚才您所说的世界的无限性与生命的有限性之间的根本性矛盾依然没有解决。

◆**我：**没错。尽管现代社会的医学和生命科学也已经十分发达，帮助人们摆脱了很多病痛的困扰，然而生命的有限性问题至今依然是一个显而易见的事实。相比起几千年前，人类观察世界的能力已经不知道增长了多少亿倍，我们甚至可以观测距离地球 100 多亿光年的宇宙，然而人类自身的生命长度依然只有几十年，最长也不过百余年。只要这个问题不解决，世界的无限性与生命的有限性之间的矛盾就没有解决。说得再彻底点，即便有一天人类在探索宇宙的道路上取得了重大进展，知道了宇宙的边界和限度，也依然无助于矛盾的解决。因为天文数字级别的"世界有限性"相对于几十年的生命长度而言，依然可以称得上是无限的，世界的无限性与生命的有限性之间的矛盾依然实质性存在。而只要这个矛盾存在，人类对信仰的需求就必然存在。所以，从这个意义上讲，丹尼尔先生刚才的话是有道理的。

◇**丹尼尔：**我完全同意您的分析。所以说，有些问题是科学解决不了的。

◆**我：**而且，生命的有限性不仅仅指生命的长度，还包括生命的广度和强度。通俗地说，就是不仅指人的寿命，还包括人的能力。每个人在生活中总会遇到很多不如意的事，会产生诸多的精神压力，这也不是诉诸科学就能够解决的，往往也要依靠信仰以及各种衍生的精神力量来帮助自己。

◇**丹尼尔：**您说得太对了。世界的无限性与生命的有限性，原来这对矛盾关系真的可以用来解释很多事情呀！

◆**我（笑）：**其实这就是我们中国人常说的辩证唯物主义。作为一名基督徒，您能够这样和我们探讨问题，我也有点意外。

◇**丹尼尔（笑）：**我们可以互相学习嘛。

◆**我：**既然您喜欢这对矛盾关系，那我们就用它再来解决一个问题吧。

◇**丹尼尔：**什么问题？

◆**我：**宗教和邪教的区别问题。

◇**丹尼尔：**愿闻其详。

◆**我：**我有一次出国，有位美籍华人请我吃饭。喝咖啡的时候，他突然问我："刘教授，今天左右无人，我有个问题想请教您，不知道可不可以？"我说："您请说。"他说："刘教授，您认为'法轮功'是不是一种宗教？"我说："'法轮功'啊，那是一种邪教。"他说："不对，刘教授。根据我的研究，我发现任何宗教在创教之初，都会受到政治统治者的迫害。别的不说，就说基督教吧。当年基督教在罗马帝国时代创教，也曾遭到罗马帝国的迫害，被宣布为非法宗教。尼禄、图密善、戴克里先都屠杀过很多基督徒。后来呢，实在是野火烧不尽，春风吹又生。折腾了 3 个世纪之后，君士坦丁大帝颁布《米兰敕令》，基督教自此成为合法宗教，一直到现在。所以说，'法轮功'要是顶得住的话，也许若干年之后，你们就得承认它是一种合法宗教了。刘教授，我的研究对不对？"

◇**小安：**您是怎么回答他的呢？

◆**我：**我说："你研究的基督教历史是对的，不过你要问我'法轮功'是不是一种宗教，我的回答是——邪教！"他说："帮帮忙，刘教授，不要这样好不好，你们共产党不是说要实事求是吗？"

◇**丹尼尔（笑）：**原来你们的"实事求是"很有名啊，连他也这么说。

◆**我：**这位美籍华人是从中国大陆出去的，所以很了解国内情况。我说："我就是在实事求是啊。我并不是用政治标准做判断，而是用哲学标准做判断。在我这里，邪教和宗教的区别其实只有一点，那就是——超越生命，究竟是为了发展生命，还是为了消灭生命？"回忆一下，刚才我们是怎么讲宗教的——这里有一个天堂，你今生好好做人，爱社会，来生你会升入天堂得到永生。没错啊，原来升天堂是有前提的，那就是——今生要好好做人，爱社会。如果你不好好做人，害社会呢？那你下地狱吧！还想升天堂？仔细想想，究竟是今生好好做人，为了来生升天堂呢？还是为你描绘一个天堂的美景，从而激励你今生好好做人呢？若是从唯心主义的角度来看，那当然是——修今生为了来生；若是从唯物主义的角度来看，那当然是——描绘来生是为了让你更好地修今生。

◇**小安：**我认为后面的答案更靠谱。

◇**李勇：**我也觉得后面的答案更靠谱。

◇**丹尼尔：**我当然会选前面的答案。不过，从理性上说，后面的答案肯定也是宗教的目的之一。

◆**我：**看来不管是不是宗教徒，至少我们在这个问题上是有共识的，那就是——宗教应该帮助你更好地发展生命。

◇**丹尼尔：**那是肯定的，这就是宗教的社会价值。

◆**我：**所以，当我们看到有近千名“人民圣殿教”的教

邪教组织——人类社会的毒瘤

邪教组织的特征：

秘密结社 反抗社会

组织严密 聚众敛财

崇拜教主

宣扬末世论

思想上控制教徒

残害教徒身心

美国“人民圣殿”教

1978年11月，“人民圣殿”教上千名信徒在圭亚那集体服毒自杀，前往谈判的美国国会议员赖恩及4 名随员被杀。

事后美国政府责令联邦调查局和警察机关加强对宗教派别的控制。

美国“大卫派”组织

1993年在美国得克萨斯州发生了一起“大卫派”宗教狂热组织与联邦执法人员武装对峙事件，联邦调查局出动武装直升机和装甲车包围了“大卫派”总部，相峙51天后军警发动进攻，“大卫派”86名教徒纵火自焚。

中国“法轮功”

据不完全统计，全国因修炼“法轮功”致死1400多人，李洪志利用“法轮功”非法获利 4000 多万元。“法轮功”在全国建立总站39个、辅导站1900个、练功点 28263个，曾一度控制 210万练习者，组织完备、控制严格，与社会对抗，向党和政府挑战，与国外敌对势力遥相呼应。

1999年 7月29日，公安部公开通缉李洪志，1999年12月26日，北京市第一中级人民法院对“法轮功”骨干分子进行审判。

日本奥姆真理教

1995年3 月20日在东京地铁东站施放“沙林”毒气，造成12人死亡，5500人受伤，一些中毒较深者终身患疾。

1995年5 月15日，日本警方对该教总部全面搜查，捕获教主麻原彰晃并清理教会资产。

曹文忠 熊 德 制作（新华社12月29日发）

邪教组织——人类社会的毒瘤

徒，跟随他们的“教主”琼斯，在圭亚那的琼斯小镇闭门集体自杀，理由是“为了穿越生命之门”；当我们看到日本的奥姆真理教在东京的地铁里施放沙林毒气，理由是“为了末日拯救”；当我们看到有一个练“法轮功”的母亲将自己9岁的女儿活活掐死，理由是“为了让她圆满”；当我们看到有6个“全能神教”的教徒在山东招远的一个麦当劳餐厅将一个无辜的女子活活虐杀而死，理由是“怀疑她身上有恶魔”；当我们看到有一群暴徒挥舞着锋利的长刀，在人群密集的昆明火车站疯狂砍杀无辜的路人；当我们看到有一些藏传佛教的僧人接受境外的指令，点燃汽油将自己活活烧死，我们能肯定地说，这绝不是宗教的行为，而是邪教的恶行。因为他们的所谓“穿越”“超越”“拯救”“圆满”都是以虐杀生命为前提的。不管是虐杀他人的生命，还是虐杀自己的生命，都不是宗教的行为，而是邪教的行为。

◇**丹尼尔：**刘教授，“人民圣殿”教和奥姆真理教的事情我很了解，不过后面的有些事情我不太了解。您能肯定刚才所说的那些行为都是真的吗？如果是真的，那就太可怕了。

◇**小安：**当然是真的了。

◇**李勇：**当然是真的了。

◆**我：**是真的，丹尼尔先生。您现在就在中国，可以随时随地上互联网查阅信息，事实胜于雄辩。1998年，重庆的“法轮功”痴迷者高恩诚认为自己才学了1年的“法轮功”，思想就达到了顶点，回家抱着儿子从四楼跳下，高恩诚抢救无效死亡，小孩经抢救脱险；2002 年，黑龙江伊春市的“法轮功”痴迷者关淑云，为了“圆满”“白日飞升”，实施所谓的“除魔”，当着几十个“功友”的面，将自己不满 9 岁的女儿戴楠活活掐死；2011 年，河南兰考县的“全能神”信徒李桂荣觉得自己两个月大的女儿影响了她为“全能神”做工，便认为自己的亲生女儿是小鬼，在时时纠缠她，于是趁女儿熟睡，用剪刀割断了她的喉咙，将其残忍杀害。这些年来，这种因为受到邪教蛊惑而残害生命的例子真可谓比比皆是。但是有些西方国家抱着某种政治偏见，“逢中必反”，结果连“法轮功”“全能神”这样的邪教组织也要支持，真是令人无语。说得再严厉点，即便是宗教组织和宗教人士，如果指使教徒以残害自己或他人生命的手段来实现自己的政治目的，同样是世俗社会不可容忍的行为，也是真正的宗教不可能倡导的行为。所以说，究竟是宗教还是邪教，我们不仅要听其言，更要观其行。

◇**丹尼尔：**我一定会去认真了解。来中国这么多次，还真的没有去认真了解过这些事情，也许我还是先入为主了。

◆**我：**中国有句老话——天下事抬不过一个理字。只要实事求是，相信我们会达成很多共识的。丹尼尔先生，请喝茶。李勇，你去“茶祥子”那里再拎壶茶过来吧。

2

所谓信仰，就是在你生命中找到比你生命更加高贵的东西，在必要的时候，宁可牺牲自己的生命，也要去成全和捍卫它。如果有必要，一个中国母亲会毫不犹豫地牺牲自己的生命，去保卫她的孩子。

窗外夜幕落下，书院内的炉火也越来越旺了。李勇又拎来了一壶热茶，我们的炉边谈话又继续了……

◇**丹尼尔：**谢谢刘教授，您刚才的解释很有道理。不过我发现咱们有点跑题了，本来要讨论中国人有没有信仰，结果大家光在一起讨论宗教问题了，还没有开始讨论正题呢。我们是不是应该继续讨论下去？

◆**我：**那就继续讨论吧。磨刀不误砍柴工，一会儿您就会发现，其实刚才的讨论是有意义的。

◇**丹尼尔：**那您现在可以告诉我们您的观点了吗？您认为中国人有宗教信仰吗？

◆**我：**这个问题得用两句话来回答。第一句：有一部分中国人，尤其是边疆少数民族地区的部分群众有比较虔诚的宗教信仰；第二句：大部分中国人，尤其是内地大部分的汉族群众是没有什么虔诚的宗教信仰的。当年乔治·马戛尔尼的行程都集中在中国的东部地区，因此得出中国人没有什么宗教信仰的结论也就不奇怪了。

◇**丹尼尔：**一部分中国人有虔诚的宗教信仰，大部分中国人没有什么虔诚的宗教信仰。

链接

电影《冈仁波齐》

《冈仁波齐》是由张杨执导，尼玛扎堆、杨培、斯朗卓嘎等主演的一部剧情片，2017年6月20日在中国上映，获得第二届意大利中国电影节最佳影片奖。影片讲述了川、滇、藏三省区交界处的芒康县普拉村的11个普通藏族人一起从家出发前去2500公里以外的冈仁波齐山朝圣的故事。这是一部采用纪录片拍摄手法拍摄的剧情片，只有拍摄大纲，没有具体脚本。摄制组一路跟拍朝圣者磕着长头徒步行进的过程，有时候再请主人公以自己的真实身份表演一点简单的剧情。影片采用非专业演员出身的当地人参与演出，从头到尾使用有源声音，没有添加任何音乐，只有朝圣队伍在真实地行走。这部电影独特的拍摄主题与拍摄方式，为观众留下开放性的解读空间。

◆**我：**是的。因为各种原因，我经常到南疆和藏区工作，比较了解这些地方的风土人情。在这些地方工作的经历让我相信，有一部分中国人的确是虔诚的宗教徒。当年马戛尔尼先生倘若只到过这些地方，只怕是要得出完全相反的结论了。这些边疆少数民族地区的信教群众当然也是如假包换的中国人，只不过在中国庞大的人口基数里只占一小部分而已。

◇**丹尼尔：**这个我完全相信，我去过拉萨，也去过新疆。

◇**小安：**我看过电影《冈仁波齐》，说实话还是很震撼的。

◆**我：**关于这个问题，卓玛比较有发言权。

◇**求吉卓玛：**“冈仁波齐”就是藏语“神灵之山”的意思。我从小就听大人们说，神山冈仁波齐是世界的中心。不过，我也从来没有去过。

冈仁波齐山

◆**我：**卓玛，那等你考上大学的时候，叔叔就带你去。

◇**求吉卓玛：**太好了！叔叔，能不能带古丽姐姐一起去？

◇**阿依古丽：**叔叔，我也想去。

◆**我（笑）：**好吧，古丽，那你也要考上一个好大学。咱们中国人去中国的地方，没问题。

◇**阿依古丽：**太好了，谢谢叔叔。卓玛妹妹，我们新疆也有很漂亮的山，我也邀请你去。

◇**求吉卓玛：**太好了，谢谢古丽姐姐。

◆**我（笑）：**好吧，你们姐妹俩刚见面，就这么要好了。的确，要论中国最美的地方，在我眼里真的就是新疆和西藏了。叔叔前些天刚刚去新疆的克州，到4000多米海拔的祖国最西边境线上，为柯尔克孜族护边员义务巡讲了8场。克州号称“万山之州”，是帕米尔高原、昆仑山脉和天山山脉交汇的地方，壮美极了。克州相邻的喀什、巴州，还有北疆的伊犁、阿勒泰，也都是极美的。

◇**求吉卓玛：**嗯嗯，上次您在电话里说要去巡讲，我就一直期待着您见面时给我们讲护边员的故事呢。

◆**我：**好的，叔叔一定给你们讲。不过，现在咱们还是先接着讨论刚才的问题吧。要不然丹尼尔先生又该有意见了，说我们又跑题了。

◇**丹尼尔：**哪里，哪里。刚才听着你们的对话，我的心里忽然很感动，感觉你们之间就像一家人一样自然，还真没想到跑题的事。

◆**我：**我们的确是一家人呀。在古丽和卓玛很小的时候，我就认识了她们，从此就成为不能分开的一家人了。

◇**阿依古丽：**丹尼尔叔叔，我从小在南疆的农村长大，要不是叔叔这么多年的鼓励和帮助，我是不可能考上内高班的。

◇**求吉卓玛：**我也一样，认识叔叔的时候，我才读小学一年级呢。

◆**我：**丹尼尔先生，其实现在新疆和西藏的孩子从小学到高中全部享受免费义务教育，国家对这两个特殊地方的扶持力度是非常大的。只是中国实在太大了，总有不平衡的地方，需要我们去做点补充工作。您不妨猜猜看，每年中央财政转移支付的资金和内地兄弟省市援疆援藏的资金加在一起，大概会占到新疆和西藏各地州全部财政支出的多少比例呢？

◇**丹尼尔：**这个我还真是不太了解。不过瞧您这么说，应该比例不小的样子，会不会达到30%？

◆我（笑）：您太保守了。我随便举几个例子，让您心里有个概念。2018年，新疆喀什地区的财政收入56.3亿元，财政支出672亿元；和田地区的财政收入28亿元，财政支出435亿元；克州的财政收入13.9亿元，财政支出181亿元。中央财政转移支付和兄弟省市援建资金占到全部财政支出的93%左右。而且，不是1年，是年年如此；不是一个地方，是新疆和西藏的每个地方基本上都如此。

◇丹尼尔：天哪！这怎么可能？

◆我：丹尼尔先生，这就是中国。

◇丹尼尔：Oh，My God!

◆我（笑）：我们聊了这么久，第一次听到丹尼尔先生说英文。

◇丹尼尔：这太不可思议了。坦白告诉你们吧，在西方社会，从来没有任何媒体告诉过我们这种数据。报道最多的，就是中国政府对西藏和新疆的民族宗教的压制。

◆我：西方媒体的傲慢与偏见也不是一天两天了。中国的确还有很多缺点，但是如果连这种基本事实摆在面前都看不见的话，那就不是眼睛的问题了。丹尼尔先生，您应该知道西班牙的加泰罗尼亚地区最近几年在闹独立吧？

◇丹尼尔：知道的，加泰罗尼亚地区闹独立也不是一天两天的事了，两年前还搞过一次“独立公投”。现在虽然被西班牙政府暂时压制住了，但是以我的观察，这个问题恐怕并没有

链接

加泰罗尼亚独立公投

加泰罗尼亚位于西班牙东北部，首府是巴塞罗那，面积 3.21 万平方公里，人口 735 万，是西班牙经济最发达的地区。长期以来，该地区一直存在分离主义倾向。欧洲经济危机导致的西班牙财政困难，更是成为加泰罗尼亚独立运动的催化剂。2014 年 11 月 9 日，加泰罗尼亚举行象征式的“独立公投”，此后该地区分离主义运动愈演愈烈。2017 年 10 月 1 日，加泰罗尼亚地区不顾西班牙中央政府的反对和警告，坚持举行了“独立公投”。西班牙政府随即派遣大量警力阻止投票，关闭投票站，没收选票，引发了流血冲突。2017 年 10 月 2 日凌晨，加泰罗尼亚自治区政府宣布，90% 的选票支持加泰罗尼亚成立独立共和国。西班牙中央政府随之宣布公投无效，并得到西方国家的一致支持。2017 年 10 月 28 日，西班牙政府发布公告，正式接管加泰罗尼亚地区，并解除该地区高级领导人职务。

解决，未来甚至可能会越来越严重，西班牙的麻烦才刚刚开始。

◆**我：**那您认为加泰罗尼亚地区为什么要闹独立呢？

◇**丹尼尔：**我认为有两个原因。第一个是民族原因，加泰罗尼亚地区与西班牙的其他地区不属于同一个民族；第二个是经济原因，加泰罗尼亚地区是西班牙经济最好的地区，以全国 16% 的人口贡献了全国 20% 的税收。不过，最近欧洲经济普遍不好，加泰罗尼亚地区也不愿意再把钱拿出去了，所以最近一直在闹独立。

◆**我：**没错，那您也应该知道加泰罗尼亚闹独立并不是欧洲的孤例。最近几年，在欧洲经济危机打击之下，不仅欧盟出现了分崩离析的危险，几乎所有欧洲国家内部的富裕地区都开始闹独立。比利时的弗拉芒大区、意大利的威尼托和伦巴第、德国的巴伐利亚州，都或多或少出现了独立倾向。就说比利时吧。比利时主要由弗莱芒区和瓦隆区两个大区构成，弗莱芒区讲荷语，瓦隆区讲法语。过去瓦隆区的煤炭经济比较好，不愿意分钱给弗莱芒区，闹着要独立。现在风水轮流转，瓦隆区的煤炭资源枯竭了，而弗莱芒区的港口经济比较好。于是，欧洲经济危机爆发之后，弗莱芒区也不愿意分钱给瓦隆区了，闹着要独立。他们把瓦隆人称为“链球”，意思就是拖后腿的。现

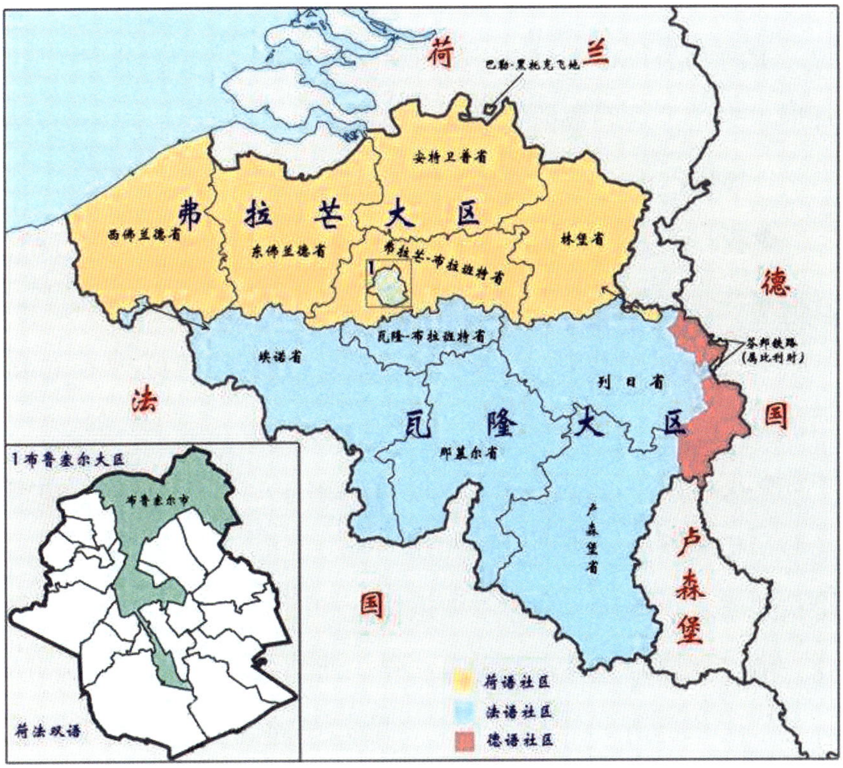

比利时分裂

在，这两个大区已经完全隔绝，联邦政府已经基本瘫痪。这些情况，您应该都是知道的。还有，您有没有发现，此次欧洲分离主义运动有一个共同规律，那就是——所有闹独立的地区基本上都是本国最富裕的地区。

◇**丹尼尔：**没错，的确是这么回事。

◆**我：**没有比较，就没有伤害，让我们来比较一下。丹尼尔先生，我举个例子吧。中国第一大城市上海市2018年的财政收入大概1.76万多亿元，留给上海自己的大概7000亿元，其余1.06万亿元全部转移支付了。过去几年，上海的财政收入还没有这么高，但是依然年年转移支付1万多亿元。换句话说，上海几乎每挣3元钱，就转移支付2元，只留给自己1元。丹尼尔先生，这些数据您过去了解吗？

◇**丹尼尔：**天哪！我是真不了解。

◆**我：**若是按照欧洲的逻辑，上海早该闹独立了。可是，丹尼尔先生，你有听说过上海闹独立吗？

◇**丹尼尔：**我从来没有听说过，这个问题好像不存在似的。

◆**我：**其实，何止一个上海，中国经济较好的内地省市都在对口援疆援藏。以南疆四地州为例：上海、广东、山东、深圳援建喀什；北京、天津、安徽援建和田；江苏、江西援建克州；浙江援建阿克苏。西藏也一样：北京援建拉萨；广东援建林芝；上海援建日喀则；河北、陕西援建阿里。目前，18个内地省份援藏，19个内地省份援疆，当然，还包括很多中央

2017 年 4 月 21 日，浙江对口援疆 186 个项目集中开工

企业。内地的援建干部一批批地奔赴新疆和西藏，真可谓是前赴后继，无怨无悔。

◇**丹尼尔：**原来如此，这些事情我过去确实了解得太少了，今天算是补了一课。

◆**我：**丹尼尔先生，把自己的钱分给别人花这件事，考验的从来就不是理性，考验的是感情。因为从理性的角度考虑，应该把钱全部留给自己才对。所以，要想让一个人心甘情愿地把自己的钱分给别人花，除非有一个原因，那就是——把对方看成自己的家人。

◇**丹尼尔：**我明白了。您讲了这么多，其实都是在论证同一个观点——中国人是一家人。

◆**我：**没错，我的确是在论证这个观点。您是不是还觉得奇怪，不是说好要讨论中国人的信仰吗，刘教授今天怎么老跑题呢？

◇**丹尼尔：** 我刚刚被您的话题吸引住了，还真没想到跑不跑题的事。不过，现在我隐隐然觉得，您说这么多，可能并不是在跑题。

◆**我：** 好的，那就让我们回到刚才的信仰话题上来。小安，刚才我们讨论到哪儿了？

◇**小安：** 您刚才说，中国人有没有宗教信仰要分两句来回答。第一句，一部分中国人有比较虔诚的宗教信仰；第二句，大部分中国人没有什么虔诚的宗教信仰。结果只论证了第一句，第二句还没开始论证呢。

◆**我：** 好的，那我们继续。在我看来，除了这一部分边疆少数民族地区的信教群众之外，其他大部分中国人尤其是内地的汉族群众，是没有什么虔诚的宗教信仰的。当然了，你要说他们一点宗教情愫都没有也不全对。中国不是有句老话吗——“宁可信其有，不可信其无”，普通中国人或多或少有点宗教情愫，并不是什么大不了的事。但是，如果你非要问我，这些人究竟算不算是有宗教信仰？那我的回答是——不算。不知道你们的答案会是什么？

◇**小安：** 我也认为不算。

◇**丹尼尔：** 我的观点和您一样，我认为这些中国人不算有宗教信仰。这就是我前面提出的问题——绝大多数中国人是没有信仰的。

◆**我：**丹尼尔先生，问题的关键就在这里了。您刚才说，绝大多数中国人是没有信仰的。我有个十分重要的问题，今天一定要与您探讨清楚，那就是——没有宗教信仰，等于没有信仰吗？

◇**丹尼尔：**刘教授，这有什么区别吗？

◆**我：**让我们认真探讨一下。还记得我们刚才是怎么定义信仰的吗？信仰就是人类超越生命限度的本能。宗教能够帮助人们超越生命限度，因此的确是一种信仰，我们称之为"宗教信仰"。但是，丹尼尔先生，现在问题来了——"宗教信仰"这 4 个字，究竟是不能分开的一个词，还是可以分开的两个词？如果我们超越生命只能通过宗教这种方法的话，那么"宗教信仰"4 个字就不能分开了，宗教就等于信仰，信仰就等于宗教，因为手段完全等于目的，目的完全等于手段——就这条路了。然而，如果我们能够找到另外一种方法，它是非宗教的，却又能帮助我们超越生命限度的话，那么"宗教信仰"这 4 个字是不是就可以分开了？——宗教是一种手段，信仰才是我们的目的。

◇**小安：**我同意，这个逻辑是对的。

◆**我：**现在，所有问题的焦点全部集中到了一个点上了，那就是——绝大多数以内地汉族地区为主的中国人，究竟有没有一种非宗教的超越生命限度的方法？

◇**丹尼尔：**您的答案是什么？

◆**我：**我的答案是——有。它的名字，就叫作——家国情怀。

◇**丹尼尔：**家国情怀？

◆**我：**是的，家国情怀。什么叫作“家国情怀”？我们先来说说“家”吧。丹尼尔先生，您前面说过，有些中国人会到庙里烧香拜佛。那么，你有没有发现，其中大多数都是母亲？

◇**丹尼尔：**是的，的确大多数都是母亲。

◆**我：**那我就借中国的母亲打个比方吧。一个中国母亲逢年过节的时候，往往会到庙里烧香拜佛，看上去颇有点宗教信仰。不过等到她从庙里出来，你不妨问她：请问你刚才拜的神仙都叫什么名字呀？我估计她能说出三四个来。比如弥勒佛啦，如来佛啦，观音菩萨啦，第四个、第五个就有点够呛了。文殊菩萨是哪一个？韦驮站在哪里知道吗？她们不一定都知道的。

◇**李勇：**那是，估计很多人都是稀里糊涂的。

◆**我：**是的，很多中国人在这方面的确是稀里糊涂的，有时甚至连佛教和道教都分不清楚。可是，对于这些中国母亲来说，这又有什么要紧呢？因为她的方法很简单，那就是——逢庙必进，逢神必拜，管你是什么神仙佛祖，我拜了再说。你看，连什么神都不知道就倒头乱拜，这不是稀里糊涂是什么？难怪刚才丹尼尔先生说，如果按照基督教的标准，这些信仰可真是不咋的。

◇**丹尼尔：**是的，确实给我这种感觉。

◆**我：**然而，丹尼尔先生，虽然我不知道这些母亲拜的是

中国人烧香祈福

什么神，我却知道这些母亲拜神的时候说的是什么话。其实，她嘴唇微启，默默念诵，我也听不见，但是我真的知道她在说什么。因为她大不了就在说："求佛祖保佑我家的孩子身体健康，万事如意，长命百岁！"有一天，她的孩子要考初中了，她就会说："求佛祖保佑我家的孩子今年考上一个好初中。"她的孩子要考高中了，她就会说："求佛祖保佑我家的孩子今年考上一个好高中。"她的孩子要考大学了，她就会说："求佛祖保佑我家的孩子今年高考顺利，考的都会，蒙的都对，最好考上个211、985的大学。"有一天，她的孩子要工作了，她就会说："求佛祖保佑我家的孩子今年公务员考试顺利，找到个好工作。"

◇李勇（笑）： 刘哥，您描述得好生动，中国母亲的确都是这样求神拜佛的。

◆**我：**还没完呢。念完这些话之后，她往往还要跟上一句："事成之后，必来答谢。"事成之后必来答谢？难道事不成就不来答谢了？你看，连神仙佛祖都敢贿赂，而且还跟佛祖做交易——"我给，是为了你给"，如此宗教信仰，那可真是太过随意了。

◇**丹尼尔：**反正我们基督徒是不可能这样和上帝说话的。

◆**我：**所以说，这些中国母亲的确称不上有什么虔诚的宗教信仰。可是，你们发现了吗——这些母亲绕来绕去，就是绕不开她的孩子。她千方百计驱策鬼神究竟想为谁服务？为她的孩子服务。原来啊，在她那里，宗教根本不是她的信仰，宗教

中国母亲烧香拜佛

是为她的信仰服务的，她的孩子才是她的信仰。

◇**丹尼尔：**啊，她的孩子才是她的信仰？！

◆**我：**丹尼尔先生，不要着急，先听我说。曾经有人问过我："刘教授，如果让您用一句话把'什么是信仰'这个问题说清楚，您会怎么说呢？"我说："信仰用很多句话都可以说清楚，不过都太抽象了。这会儿，我想起一句具体的——所谓信仰，就是在你生命中找到比你生命更加高贵的东西，必要的时候，宁可牺牲自己的生命也要去成全和捍卫的，就堪称信仰。因为它超越于你的生命之上，比你的生命更高贵、更重要。"

◇**小安：**所谓信仰，就是在你生命中找到比你生命更加高贵的东西，在必要的时候，宁可牺牲自己的生命，也要去成全和捍卫的东西。

◆**我：**是的，我完全相信，如果有必要，这些中国母亲会毫不犹豫地牺牲自己的生命，去保卫她的孩子。

◇**李勇：**这个我完全相信。

◇**小安：**我也完全相信。

◆**我：**虽然我知道你们都相信我说的是真的，但是我还是要与你们一起回忆一个共同的时刻，那就是2008年的5·12汶川特大地震。

◇**阿依古丽：**汶川地震！叔叔，这里不就是映秀吗？

◇**求吉卓玛：**是啊，映秀不就是汶川地震的震中吗？

◆**我：**是的，这就是叔叔要带你们来这里的原因。可是，古丽，卓玛，地震的时候，你们都还很小，有些故事，你们可能并不知道。今天，叔叔想借这个机会讲给你们听，也讲给丹尼尔先生听。

◇**阿依古丽：**叔叔，我们想听。

◇**求吉卓玛：**叔叔，我会用心记住的。

◆**我：**在那场大地震里，我们看到了这样的母亲。有一个母亲，救援队员发现她的时候，她已经死了，是被垮塌下来的房子压死的。透过那一堆废墟的间隙可以看到她死亡的姿势，双膝跪着，整个上身向前匍匐着，双手扶着地支撑着身体，有些像古人行跪拜礼，只是身体被压得变形了，看上去有些怪异。救援人员从废墟的空隙伸手进去确认了她已经死亡，又冲着废墟喊了几声，用撬棍在砖头上敲了几下，里面没有任何回应。然而，当人群走到下一个建筑物的时候，救援队长好像想起了什么，忽然又往回跑，边跑边喊“快过来”。他又来到她的尸体前，费力地把手伸进女人的身子底下摸索。他

地震中的母亲

摸了几下，高声喊“有人，有个孩子，还活着”。经过一番努力，人们小心地把压着她的废墟清理开，在她的身体下面躺着她的孩子，包在一个红色带黄花的小被子里，有三四个月大。因为母亲身体庇护着，他毫发未伤。抱出的时候，他还安静地睡着，他熟睡的脸让所有在场的人感到很温暖。随行的医生过来解开被子准备做些检查，发现有一部手机塞在被子里，医生下意识地看了下手机屏幕，发现屏幕上是一条已经写好的短信——“亲爱的宝贝，如果你能活着，一定要记住我爱你”。看惯了生离死别的医生却在这一刻落泪了。手机传递着，每个看到短信的人都落泪了。

◇**阿依古丽：**卓玛不哭，过来跟姐姐坐在一起。

◇**求吉卓玛（哭）：**叔叔，那个阿妈死了？

◆**我：**是的，卓玛，那个阿妈为了保护她的孩子，用自己的身体挡住了死神，她到天堂去了。

◇**求吉卓玛（哭）：**那个阿妈不会死的，她在天堂里不会死的。

◇**阿依古丽（哭）：**卓玛不哭，那个阿妈在天堂里，不会有事的。我们让叔叔讲下去吧。

◆**我：**地震的第二天，都江堰河边一处坍塌的民宅，数十名救援人员正在奋力挖掘，寻找存活的伤者。突然，一个令人震惊的场景出现在人们的眼前：一名年轻的妈妈双手怀抱着一个三四个月大的婴儿蜷缩在废墟中，她低着头，上衣向上掀起，已经失去了呼吸，怀里的女婴依然惬意地含着母亲的乳头，吮吸着，红扑扑的小脸与母亲沾满灰尘的双乳形成了鲜明的对比。人们小心地将女婴抱起，离开母亲的乳头时，她立刻哭闹起来。看到女婴的反应，在场者无不掩面。无法想象，一个死去的妈妈还在为自己的孩了喂奶，从母亲抱孩子的姿势可以看出，她是很刻意地在保护自己的孩子，或许就是在临死前，她把乳头放进了女儿的嘴里。

3

家国情怀就是中国人的信仰，它不是宗教的，却是如假包换的信仰。“家”是生命的接力，突破的是生命纵向的限度；“国”是生命的互助，突破的是生命横向的限度。纵横交织，经纬交错，织成一张生命之网。

守住國格

我讲完这两个故事，书院里的气氛似乎凝结了，阿依古丽和求吉卓玛早已哭成了泪人。李勇起身出去，拧了一把热毛巾回来。

◆**我：**古丽，卓玛，乖，不哭了，用毛巾擦擦脸吧。

◇**求吉卓玛：**对不起，叔叔，我不哭了，我会坚强的。

◇**阿依古丽：**不好意思，叔叔，我也不哭了。

◆**我：**没关系的，孩子们。哭，一点都不丢脸。当年叔叔就是哭着看完这两个故事，又是哭着把这两个故事写进自己的书里。为了曾经的哭过，我们选择了永远的记住。我就要用这种方式，永远纪念这些在地震中罹难的伟大的中国母亲。丹尼尔先生，如果说信仰是一种对自我生命的超越，一种哪怕牺牲自己的生命也在所不惜的情感和认知，那么还有什么理由说，这不是一种超越，不是一种信仰呢？这种情感不是宗教的，却胜似宗教的。因为我真的不知道，普天之下还有什么样的情感能够比这种爱更加圣洁，更加伟大呢？在那天崩地裂的一刹那，这些中国母亲是没有任何犹豫的，她们做出了最本能的反应，拼尽自己的最后一丝力气，用自己的血肉之躯将死神死死挡住，从而将生的希望留给了自己的孩子，无一例外。人的本能是求生的，为什么这些母亲的本能却是选择舍身求死呢？因为这也是一种本能，一种超越生命的本能。完全可以相信，当万恶的死神将她们的生命夺走的最后一刻，她们的内心也一定是万分不舍的。然而当她们最后凝视怀里的孩子鲜花般的面容，确认他们还活着，她们又一定是含笑而去的。因为只要她们的孩子在，她们来生的希望就不会全然灭绝，死亡的恐惧就绝不能把她们的精神全然压垮。这就是信仰，这就是中国人的信仰，一种血脉相连数千年，传承至今犹不绝的信仰。有它在，就没有什么力量可以将中国人打倒，死神也不行！

◇**李勇**：是的，没有什么力量可以将中国人打倒！丹尼尔先生，我亲身经历了 5·12 汶川特大地震的灾难和救援，每天每时每刻都在见证这样的生命之光。我们映秀书院里收藏着很多地震时创作的诗集，让我来为你们朗诵一首诗人傅天琳创作的《黎明》吧，这首诗就是为那位留下绝命短信的母亲写的。

此时妈妈躬身倒在拐角的黑暗之中
双膝跪地，双手和整个身躯
为你撑起一片狭小空间

此时妈妈的心情是紫色的
紫色的，忧郁的，柔弱得快要折断的力
正向心脏，肺，血管汇聚

我要把你藏进夜的巨大的衣袖里
我要把你藏进朝日的胎盘里

宝贝睡吧，不要看见这一切
尤其不要看到妈妈滂沱的泪水
尤其不要听到妈妈全身骨头的碎裂

我感到身体正在变薄
已经托不住我弥留的翅膀
让我最后一次为你掖好被窝
宝贝啊你才是我花苞里的天堂

我仿佛听到黎明的脚步声了
是橙色的，绿色的，白色的，迷彩色的
黎明是跑步来的

别哭啊我的宝贝
你要保存好你小小的力气
等待光的救援

◇**丹尼尔：**愿上帝保佑这位伟大的母亲，我的心在为她祈祷。

◆**我：**丹尼尔先生，这就是中国人的“家”，这就是中国人的牵挂。谁说中国人没有来生的希望，临死前什么都敢干？就算为了孩子，你也要积点德。面对生命的有限性，中国人依然活得有尊严、不苟且、有希望、不绝望。这就是中国人的“家”，传承千年犹不绝的“家”。

◇**李勇：**是啊。汶川地震的确让我亲眼看到了：即便是面对死亡，我们中国人依然有尊严、不苟且、有希望、不绝望。

◆**我：**除了“家”，还有“国”。在汶川地震中，我们看到的不仅是母亲和父亲；我们看到更多的，是没有直接血缘关系的解放军武警战士，消防队员，医疗队员，全国乃至全球的华人志愿者。他们来到一个叫汶川，叫北川的地方是来干什么的呢？拯救自己的家吗？不，他们的家在远方，很安全。拯救自己的孩子吗？不，他们的孩子也很安全。那为什么要来？为什么要冒着生命危险而来，甚至在这里牺牲自己的生命？原因很简单，因为拯救者与被拯救者有一个共同的名字，叫作中国人。

◇**小安：**因为拯救者与被拯救者有一个共同的名字，叫作中国人。

◆**我：**没错，中国人。自从这个天下国家诞生以后，她早就用自己的方式塑造了国人的灵魂与人格。从此以后，在中国人的心中还有一个字，沉甸甸的，与“家”齐名，并称千年，那就是——“国”。为了这个“国”字，多少中国人曾经牺牲生命，在所不辞。

◇**李勇：**说得对。在这次大地震中，我们真的见到太多这样的英雄了。

◆**我：** 李勇，你给孩子们讲讲邱光华机组的故事吧。

◇**李勇：** 好的，刘哥。邱光华是咱们汶川隔壁的茂县人，也是新中国培养的第一代少数民族飞行员。汶川特大地震发生后，茂县也是重灾区，邱光华老家的 20 余名亲人音讯全无。虽然揪心牵挂，然而灾情就是命令，邱光华立即递交请战书，要求执行救灾任务。灾后的天气条件十分恶劣，邱光华机组驾驶着直升机，冒着生命危险 63 次穿行于深山峡谷之中，运送物资，救助伤员。2008 年 5 月 31 日下午，在执行第 64 次飞行任务的时候，因突遇低云大雾和强气流，邱光华机组的飞机不幸在映秀附近撞山失事。雄鹰坠落，机组 5 名勇士全部壮烈牺牲。

为保护学生而献身的教师——张米亚

◆**我：** 我也给大家讲一个故事吧。汶川地震发生的当天，自救的人们徒手搬开垮塌的映秀小学教学楼的废墟时，被眼前的一幕惊呆了：一名年轻男子跪在废墟中，双臂紧紧地搂着两个孩子，像一只展翅欲飞的雄鹰，两个孩子还活着，而他已经气绝。这名男子叫张米亚，是映秀小学二年级的老师。在地震的巨大冲击力面前，映秀小学的教学楼只扛住了 12 秒就垮塌了。当时，张米亚老师的教室在二楼最靠近走廊的地方，他有机会逃生，然而他没有逃，而是选择了保护学生。在教学楼垮塌的一刹那，张米亚老师本能地跪扑向最近的两名学生，用双臂紧紧地将她们搂在怀里。这一幕，便是他留给这个世界最后的定格画面。两名学生还有生命体征，然而张米亚老师如同铁箍般的双臂已经僵硬，无法掰开。最后，为了将两名学生救出，救援人员含着热泪，锯掉了他的双臂。张米亚老师生前最爱唱的一首歌叫作——《摘下我的翅膀，送你去飞翔》，他几乎天天都唱。现在，天使真的摘下了自己的翅膀，送孩子们去飞翔了。

◇**李勇：**张米亚老师的故事感动了无数国人。有位网友为张米亚老师写了一首感人至深的诗，我也给大家读上一段吧。

亲爱的孩子，不要哭泣
摘下我的翅膀，送你去飞翔
在雷鸣电闪山崩地裂中，
灾难摧毁我们的校园

不怕，有我
我就是你们生命的雄鹰
张开我有力的臂膀

来为你筑起温暖的阳光

亲爱的孩子，不要哭泣
摘下我的翅膀，送你去飞翔
我也将去往天堂的路上
请你们原谅
我们未尽的师生情义

亲爱的孩子，不要哭泣
摘下我的翅膀，送你去飞翔
不是我不坚强
丢下你们独自离去
只是因为天堂太美丽

为了让你轻松地成长和站起
我必须折断我的双臂
那是我摘下的翅膀
我要用它
送你们去自由自在去飞翔

◇**丹尼尔：**这位伟大的老师是真正的天使。刘教授，他的家人现在是不是还在映秀，我很想去看望他们。

◆**我：**张米亚老师的爱人邓霞也是映秀小学的老师。地震来临的时候，邓霞老师也没有逃，也选择了去保护学生。教学楼垮塌的时候，她也被深深地埋进了废墟之中，不幸遇难。而当张米亚老师和邓霞老师都选择了去保护学生的那一刻，他们3岁的儿子小欣欣，也被倒塌的楼房深埋，不幸遇难。

◇**丹尼尔：**刘教授，我突然感到十分惭愧。汶川地震之后，我曾多次到映秀来，一直以为自己很了解汶川地震。没想到，这么多年过去了，我却连张米亚老师这样近在眼前的天使都不知道，真是无地自容。现在我有点明白了，我们过去的那些社会观察项目都太外在了，根本就没有触及汶川地震的真正灵魂。

◆**我：**丹尼尔先生，您能这样说，我十分敬佩。其实，不管是邱光华，还是张米亚，都只是这场举世震惊的大地震中千千万万抗震救灾英雄中的一员。汶川地震发生仅仅72小时，中国军队就调集了14.6万大军，昼夜兼程向灾区开进。5月14日，为了打通生命通道，15名空降兵勇士在气候条件极其恶劣，机舱门已经结冰的情况下，从茂县的5000米上空一跃而下。2018年，汶川地震10周年的时候，很多人都回来参加悼念仪式。在5·12汶川特大地震震中纪念馆里，我看见有一个人一直在抹着眼泪，就问他是谁。他说，他是当年救灾部队的一名军官，他的两名战士就是在他眼前牺牲的。10年时间过去了，他依然无时无刻不在想念着这两名战士。

◇**阿依古丽：**我们的解放军战士好伟大，我一定要向他们学习！

汶川地震时，空降兵 15 勇士惊天一跳

◇**求吉卓玛：**我也要向解放军叔叔学习！

◆**我：**孩子们，这就是我们的祖国，永远值得信赖和依靠的母亲。这样的英雄不仅仅是在汶川地震的时候出现。几千年来，多少中国人为了保卫这个伟大的国家，前仆后继，不怕牺牲。今天，叔叔要好好地给你们讲几个历史故事，以便让你们永远铭记，咱们中国人那源远流长的民族血脉。

◇**阿依古丽：**叔叔，我们会用心记住的。

◇**求吉卓玛：**嗯嗯，叔叔，我认真听您讲。

◆**我：**叔叔想给你们讲的第一个故事，是大禹治水的故事。5000 年前，神州大地发生了上古大洪水，中华民族面临生死存亡的挑战。大禹受命于舜帝，负责治水。他率领民众，改“堵”为“疏”，奋力治水。《史记·夏本纪》记载：“劳身焦思，居外十三年，过家门不敢入。”为了治水，大禹 13 年都没有回过家，耗尽全部的心血与体力，终于完成了治水大业。大禹治水，为中华民族开创了属于自己的生存空间，也为中华民族开创了属于自己的精神信仰——“家国情怀”。

◇**求吉卓玛：**嗯嗯，大禹治水，三过家门而不入。

◆**我：**当今世界几乎所有的古老民族，基本上都有关于上古大洪水的传说和记载，说明这不是一个偶然现象。科学家认为这很可能与第四纪冰川有关。第四纪冰川时期，大量的水资源被冻结在陆地冰川上，海平面下降了 120 米。到了距今 1 万

大禹治水

年前左右，第四纪冰期结束，陆地冰川不断融化，释放出大量水资源，从而引发了全球性的大洪水。因此，孩子们，看似神话传说的治水故事，事实上是一场生死存亡的抗争，只有最勇敢和最团结的民族才有可能在这场世界性灾难中赢得生存的机会。这才是大禹治水对于中华民族的真正意义所在。

◇**阿依古丽：**原来如此啊！最勇敢，最团结，叔叔，我记住了。

◆**我：**叔叔想给你们讲的第二个故事，是西汉骠骑将军霍去病的故事。2000 多年前，强大的匈奴部落在北方崛起，不断野蛮入侵杀掠，严重威胁着中原百姓的生存与安全。汉武帝时期，国力逐渐强大的汉朝发动了大规模抗击匈奴的战争。霍去病 17 岁从军，23 岁去世，6 年时间，6 次出征，六战六胜，彻底击溃匈奴。公元前 119 年春，汉朝发动了具有决定性意义的漠北之战。霍去病率领 5 万骑兵，舍弃全部后勤辎重，深入漠北 2000 多里，与匈奴左贤王部落接战，最后全歼左贤王集团 7 万多人，取得了漠北之战的决定性胜利，自此“匈奴远遁，漠南无王庭”。然而，连年的征战严重损害了霍去病的健康。在漠北之战中，霍去病孤军深入，取食于敌。于是，匈奴人四处投毒，污染水源，霍去病因此染病。漠北决战之后一年多，年仅 23 岁的霍去病就因病去世，将自己年轻的生命献给了国家。可以说，在他短暂得令人扼腕叹息的军事生涯里，天纵奇才的霍去病如同最耀眼的流星划过天际，不仅照亮了中国的未来，也间接地改写了世界的格局。然而，当汉武帝要赐他

链接

霍去病六战匈奴

公元前123年，17岁的霍去病随舅舅卫青2次击匈奴于漠南。他率领800精骑，直弃大军数百里，斩获敌人2028人，功冠全军。公元前121年，汉武帝任命19岁的霍去病为骠骑将军，于春、夏两次率兵出击占据河西地区的浑邪王、休屠王部，歼敌4万余人，俘虏匈奴王5人及王母、单于阏氏、王子、相国、将军等120多人。同年秋，奉命迎接率众降汉的匈奴浑邪王。在部分降众变乱的紧急关头，霍去病率部驰入匈奴军中，斩杀变乱者，浑邪王得以率4万余众归汉。从此，汉朝控制了河西地区，为打通了西域道路奠定了基础。公元前119年春，汉武帝发动漠北之战，21岁的霍去病率骑兵北进2000多里，与匈奴左贤王部接战，歼敌70400人，俘虏匈奴屯头王、韩王等3人及将军、相国、当户、都尉等83人，乘胜追杀至狼居胥山（今蒙古境内），在狼居胥山（今蒙古肯特山）举行了祭天封礼，在姑衍山（今蒙古肯特山以北）举行了祭地禅礼，兵锋一直逼至瀚海（今俄罗斯贝加尔湖）。

豪华府邸的时候，霍去病却说了一句流芳百世的名言："匈奴未灭，无以家为也。"

◇阿依古丽：匈奴未灭，无以家为也！霍去病将军真的好年轻啊，17岁从军，只比我大1岁。

◆我：受到汉朝致命打击的匈奴被迫西迁，从而挤压了西边游牧民族的生存空间，进而引发了一场连锁反应的游牧民族西迁潮。最后，这种雪崩般的压力落在了罗马帝国的头上。在抵抗了100多年之后，曾经不可一世的罗马帝国终于被不断疯狂入侵的游牧民族彻底摧毁。欧洲进入漫长而黑暗的中世纪，并从此分裂至今。由于地理相隔遥远，罗马帝国与秦汉帝国并没有直接见过面，然而通过匈奴这个历史砝码，两者依然称量出了彼此的分量。事实上，这也是一场事关生死存亡的抗争，依然只有最勇敢和最团结的民族才有可能在铁与血的历史长河中赢得生存和发展的机会。从那以后，统一的中国一骑绝尘，在科技和文化的发展上遥遥领先分裂的欧洲长达 1800 年以上。阿依古丽，你知道吗，也正是从那时候开始，西域各部落得以摆脱匈奴的长期奴役和威胁，逐步融入了中华民族大家庭，并逐渐形成了今日的新疆。

◇**阿依古丽：** 原来如此啊，叔叔，我用心记住了。

◇**求吉卓玛：** 我也记住了，我们中华民族要永远成为最勇敢和最团结的民族。

◆**我：** 叔叔要给你们讲的第三个故事，是抗日战争的故事。1937 年 7 月，日本发动了全面侵华战争。敌强我弱，中华民族再次面临生死存亡的严峻考验。8 月，在上海爆发了一场极其惨烈的淞沪会战。战役持续了 3 个月，日军投入 20 万人，包括 4 艘航母在内的海陆

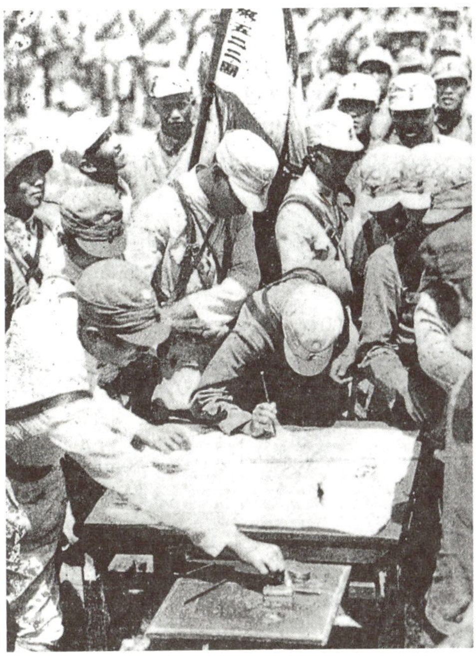

淞沪会战前，第五军第二六一旅的全体官兵在“不灭倭寇，誓不生还”的誓词上签名

空三军精锐部队，最后死伤 4 万余人；中国军队投入 80 万人，包括最精锐的中央教导总队和第 87 师、第 88 师，最后死伤 30 多万人，战役失败。淞沪会战是中国军队第一次面对现代化立体战争。在日军用钢与火编织的死亡熔炉面前，中国军队遭受了难以想象的损失，成群成群的士兵填进去就被熔化了。然而，这场会战让全世界看到了中国人的愤怒、决心和不可辱的铮铮铁骨。曾经一盘散沙的中华民族，在生死存亡面前，选择了勇敢，选择了团结，选择了殊死搏斗，最终实现了凤凰涅槃的再生。

◇**小安：**淞沪会战太惨烈了，30 万人哪！

◆**我：**从军事意义上说，无险可据的上海滩根本就不是一个好战场，日军的舰炮火力和航空兵火力可以随意覆盖战场，中国人简直就是在用自己的血肉筑成新的长城。然而，你们知道吗，淞沪会战其实是中国军队主动发起的，因为这是中国人精心布下的一个战略陷阱。

◇**小安：**战略陷阱？

◆**我：**是的，战略陷阱。1931 年九一八事变之后，日本人占领中国东北；1937 年七七卢沟桥事变之后，日本人侵占中国华北。你们发现了吗？日本人的攻势是由北向南的。中国的地势是北高南低，由北向南是“俯攻”，中华危矣！要想阻止这一战略态势，就必须想办法将日军主力从北边调动到东边，牵引日军由东向西攻击，因为中国的地势是西高东低，由东向西就是“仰攻”。中国人就会有最后的一丝机会，凭借祖先留给我们的高山大川，阻挡住日本人的疯狂进攻。然而，要想让日本人上钩，诱饵就必须极大。于是，中国军队秘密调集最精锐的部队，主动发起了这场淞沪会战，准备把日本仅有的3000名海军陆战队赶下海。日本人岂甘失败，于是不断增兵，甚至从华北战场抽调师团，最后调集了20余万最精锐的部队。中国北方战场的压力骤减，日本人终于上钩了。

◇**小安：**原来如此！

◆**我：**这招险棋的代价是极其惨烈的——淞沪战场的30万士兵，上海这座超级城市的生产力，还有南京大屠杀的30万同胞……然而，随着战场的推移，日军逐渐陷入了由东向

链接

常德会战

常德会战被誉为“东方的斯大林格勒保卫战”。1943年11月，日军纠集7个师团约10万人进攻常德，中国军队集中了16个军21万人迎战。中国的部署是将日军吸引到常德后，外线的主力各兵团包抄合围，歼灭敌方。日军的部署是以一个完整师团攻下常德，其余4个师团阻击中国援军。由于日军的疯狂阻击，常德守军57师成为孤军。11月24日，3万多日军发动攻城，57师8000多人陷入了血与火的残酷考验。日军突入城中后，爆发了极其惨烈的巷战，又经过了5天的逐屋争夺，常德于12月3日终告陷落。57师激战16昼夜，弹尽粮绝，全师官兵除100多人突围外，其余均战死。然而，常德守军以几乎全军覆没的代价为其他兵团形成对敌的反包围赢得了主动。日军担心被包围歼灭，被迫撤出常德全线退却，常德会战以中国军队的最后胜利结束。中国军队毙伤日军1万多人，自己损失5万多人，牺牲4位将军。

西“仰攻”的战略陷阱。中国西部的高山大岭终于阻遏了日本陆军西进的势头，而攻不到重庆，就断不可能让中国停止绝死的抵抗。于是，在抗战进入战略相持阶段后，日军开始进攻湖南。从 1939 年下半年到 1941 年 12 月，经过 3 次长沙会战，中国军队终于阻挡住了日军西进的势头，保卫了西南大后方的安全；1943 年，日军转攻湖北，企图穿过长江三峡进攻重庆，决定中华民族命运的最后时刻来临了。中国军队第 11 师在西陵峡南岸的石牌摆下了最后的阵地，彪炳史册的石牌保卫战就此打响。在战斗最为激烈的 3 个小时，战场上听不到一声枪声。这不是双方停战，也不是休息，而是敌我双方在拼刺刀。这是第二次世界大战历史上规模最大、最为惨烈的一次白刃

石牌保卫战战场遗址

链接

杨靖宇将军

杨靖宇，河南确山人，1929 年被党中央派往东北领导抗日。他的游击战术令敌人闻风丧胆，也令敌人对他恨之入骨。1939 年冬天，日本人发动了对杨靖宇的围困战。由于叛徒的出卖，杨靖宇部队的补给生命线被摧毁，忍饥挨饿的杨靖宇在冰天雪地中被敌人团团围住。1940 年 2 月 22 日，5 天 5 夜未进粒米的杨靖宇向砍柴的村民请求购买食物和棉鞋，被叛徒出卖。2 月 23 日下午 4 时，敌人终于发现了杨靖宇。杨靖宇力战不降，壮烈牺牲。敌人十分困惑，完全被切断食物来源的杨靖宇究竟是怎么生存的？于是敌人残忍地将他剖腹查看，发现将军的胃肠里只有草根、树皮和棉絮，没有一粒粮食！目睹这一幕，日本警察头子岸谷隆一郎的精神刹那间被打垮了。1945 年，他毒死自己的妻子儿女后，开枪自杀。他在绝命书中写道：“天皇陛下发动这次侵华战争或许是不合适的。中国拥有杨靖宇这样的铁血军人，一定不会亡国。”

战，两军在弹丸之地反复冲杀，日月为之黯然失色。在那个残酷的午后，无数将士的鲜血浸透了西陵峡南岸的土地。3 个小时没有枪声的拼杀后，白刃战落下了帷幕，1500 名中国士兵静静地躺在中国最美的江山中。《中国国家地理》曾这样描绘在这场白刃战中死去的中国战士：“那时候，中国农民家的孩子营养普遍不好，十六七岁的小兵，大多还没有上了刺刀的步枪高。他们就端着比自己还长的枪上阵拼命。如果他们活着，都已是七八十岁的老人了。他们也会在自家的橘园里吸着小口的香茶，悠闲地看着儿孙，温暖地颐养天年。可他们为了别的中国人能有这一切，死掉了。”在中国人保家卫国的钢铁意志面前，日军的士气终于被彻底击溃，他们掉头东逃，溃不成军。决定中华民族生死存亡的石牌保卫战取得了最后胜利。在战斗最危急的时刻，胡琏师长曾向全师将士发出最后的命令：“我们将战至最后一个，将敌人枯骨埋葬于此，将我们的英名与血肉涂写在石牌的岩石上。”孩子们，他们真的做到了。

◇**求吉卓玛：**叔叔，我好想哭，但是我不哭。我们中国人真的好坚强，我真的好骄傲！

◇**阿依古丽：**叔叔，我永远都不会忘记这些先辈，是他们用最勇敢的牺牲换来了我们今天的幸福生活。我为自己是一名中国人而感到无比的骄傲！

◆**我：**你们能这样想，叔叔感到很欣慰。这就是中国人对这个国家最崇高和最真挚的情感。如果说信仰是对自我生命的超越，那么在这些以死殉国的中国人身上，我们分明地感受到了一种超越，一种为了国家和民族的兴亡甘愿牺牲自己生命的超越。这种超越是如此的遥远，遥远到我们可以从忧愤跳江的屈原身上看到；这种超越又是如此的真实，真实到我们每个人都可以感受到自己的灵魂深处也在强有力地搏动着它。如果我们中国人没有信仰，如果每个中国人都把自己的生命看成世界上最宝贵的东西，那么在那个敌强我弱的危难时刻，他们最好的策略就应该是投降，做亡国奴，而不是明知不敌，也要以死相拼。

◇**小安：**没错。完全可以相信，这些中国人之所以会明知不敌，也要以死相拼，一定是因为在他们的生命中，还有比自己的生命更加高贵的东西。

◆**我：**这就是中国人的“家”，这就是中国人的“国”，这就是中国人的家国情怀。“家”是生命的接力，突破的是生命纵向的限度；“国”是生命的互助，突破的是生命横向的限度。

◇**丹尼尔：**家是生命的接力，国是生命的互助。

◆**我：**是的。什么叫作“生命的接力”？——你死了，你的孩子还活着；孩子死了，孩子的孩子还活着……只要这条生命之链接力不断，你的生命限度就是不断被突破、被超越的。那么，什么叫作“生命的互助”？——假如地震突然来临，你被困在废墟底下，侥幸不死。然而，在你的头顶之上有几千斤重的废墟。凭借你个人的生命力量，是甭想逃生了；凭借“家”的力量呢？也甭想逃生了。这时候，许多中国人来了。当他们冒着生命的危险，将废墟掀开，将你救出的一刹那，请问，你的生命限度是不是被超越的？没错，因为这个生命与那个生命挽起手来，互助了。所以啊，这个国家越大，这种互助的力量就越强大；这个国家越团结，这种互助的力量就越可靠。毫无愧色地说，中国拥有全世界最为强大和可靠的互助力量。公元 79 年，仅仅一场维苏威火山大爆发，就让庞贝古城彻底退出了历史舞台，从此世人不知何为庞贝。一直到 1700 年之后，人们偶然从 10 米之深的火山灰下挖出了庞贝遗址，才知道庞贝古城的真实所在。完全可以想象，一场 8.0 级的地震若是发生在一个弹丸小国，至少可以让这个国家几十年缓不

庞贝古城遗址

过劲来。然而发生在中国，我们仅仅用了不到 3 年时间就重建成功。丹尼尔先生，您知道在这场史诗级的灾后重建中，全国人民为四川灾区投入了多少吗？

◇**丹尼尔：**这个数据我了解过：3 年重建，四川全省 142 个受灾县用于灾后重建和发展重建的资金达到了 1.7 万亿人民币，太不可思议了。

◆**我：**是的，除了钱，还有人。那 3 年，全国对口援建的队伍齐聚地震灾区，夜以继日，不眠不休，有人甚至为此献出了宝贵的生命。因此，可以毫不夸张地说，汶川地震的大救援和大重建，堪称人类文明史上一次极其辉煌的互助运动。中国是四大文明古国中唯一走到了今天的国家——当年跟我们一起出发的，全都不在了；现在跟我们站在一起的，没有一个是跟我们一起出发的。丹尼尔先生，每个中国人的生命无疑也是短暂的，如果中国人没有信仰，如果每个中国人都是以自己短暂的生命限度来计算自己生命价值的话，那么他们怎么可能愿意在这个国家跌入深渊的时候，为了这个国家的重新崛起而牺牲自己的生命呢？这个铁一般的事实无可辩驳地证明：中华民族是全世界最有信仰的民族。

◇**丹尼尔：**刘教授，您的逻辑实在是太雄辩了，我实在是找不出什么理由来反驳您。

◆**我：**丹尼尔先生，哪里是我的逻辑雄辩，是中华民族风雨同舟 5000 年的历史事实胜过了雄辩。

◇**丹尼尔：**如果把信仰理解成对生命限度的一种超越，理

重建后的映秀和 5 · 12 汶川特大地震震中纪念馆

解成宁可牺牲自己的生命也要去捍卫的一种情感，那么我不得不承认，中国人的“家国情怀”的确也称得上是一种信仰。还有，刘教授，您刚才讲的那些故事真的很有力量。作为一个朋友，我真诚地向中国人的这种勇敢和牺牲的精神致以崇高的敬意。

◆**我：**谢谢丹尼尔先生，我们终于达成共识了。

◇**小安：**我也要谢谢您，刘教授，今天的谈话让我热血沸腾。从此以后我相信了，我们中国人是有信仰的，那就是穿越了 5000 年历史风雨依旧本色不改的“家国情怀”。

◆**我：**是的，小安。还有一点十分重要，那就是——家国情怀是彼此交织，不可分割的。“家”的接力突破的是生命纵向的限度，“国”的互助突破的是生命横向的限度。纵横交织，经纬交错，方可织成一张生命之网。置身于这张生命之网，中国人就如同希腊神话中大地之神盖亚的儿子安泰俄斯一样，只要双脚不离开大地，就永远不可能被打败，因为他可以从大地母亲那里汲取无穷无尽的力量。置身于这张生命之网，“年且九十”的愚公说：“虽我之死，有子存焉；子又生孙，孙又生子；子又有子，子又有孙；子子孙孙无穷匮也，而山不加增，何苦而不平？”是啊，王屋太行虽大，也是个有限的范畴；人的生命虽小，只要接力不断，就是一个无限的范畴。用我的无限来对付你的有限，“何苦而不平”？如果愚公不相信生命会接力，恐怕连第一锄头都挖不下去的，山多大啊。然而愚公相信！置身于这张生命之网，年仅 28 岁的夏明翰说：“砍头不要紧，只要主义真。杀了夏明翰，还有后来人。”如果革命者不相信革命事业会接力，那么他们的牺牲是没有任何意义的，因为革命尚未成功，他们却即将死去。然而革命者相信！置身于这张生命之网，鲁迅先生说：“老的让开道，催促着，奖励着，让他们走去。路上有深渊，便用那个死填平了，让他们走去。少的感谢他们填了深渊，给自己走去；老的感谢他们从我填平的深渊上走去。明白了这事，便从幼到壮到老，都欢欢喜

链接

古人诗词中的家国情怀

亦余心之所善兮，虽九死其犹未悔。——（战国）屈原《离骚》

名编壮士籍，不得中顾私。捐躯赴国难，视死忽如归！——（三国）曹植《白马篇》

羌笛何须怨杨柳，春风不度玉门关。——（唐）王之涣《凉州词》

黄沙百战穿金甲，不破楼兰终不还。——（唐）王昌龄《从军行》

四十年来家国，三千里地山河。——（唐）李煜《破阵子·四十年来家国》

靖康耻，犹未雪。臣子恨，何时灭！驾长车，踏破贺兰山缺。——（宋）岳飞《满江红·写怀》

僵卧孤村不自哀，尚思为国戍轮台。夜阑卧听风吹雨，铁马冰河入梦来。——（宋）陆游《十一月四日风雨大作》

人生自古谁无死，留取丹心照汗青。——（宋）文天祥《过零丁洋》

一寸丹心图报国，两行清泪为思亲。——（明）于谦《立春日感怀》

繁霜尽是心头血，洒向千峰秋叶丹。——（明）戚继光《望阙台》

苟利国家生死以，岂因祸福避趋之。——（清）林则徐《赴戍登程口占示家人》

只解沙场为国死，何须马革裹尸还。——（清）徐锡麟《出塞》

喜地过去；而且一步一步，多是超过祖先的新人。这是生物界正当开阔的路！人类的祖先，都已这样做了。”鲁迅先生还说了：“自己背着因袭的重担，肩住了黑暗的闸门，放他们到光明开阔的地方去；从此幸福的度日，合理的做人。”鲁迅先生要放谁到光明开阔的地方去？这篇文章的题目叫——《怎样做父亲》。鲁迅先生是要放孩子们到光明开阔的地方去，以父亲的名义。那么，今天我们的前路上还有深渊吗？还有闸门吗？没有关系。今天啊，过去少的已经成为老的，我们已经成为他们了。如果有必要，我相信我们也愿意用自己的生命填平那深渊，肩住那闸门，放我们的孩子到更加光明开阔的地方去，从此，更加幸福地度日，更加合理地做人。这是中华民族正当开阔的路，我们的祖先，早就这样做了。再有人来问我们：你们中国人有信仰吗？我们的回答是：当然有了，家国情怀就是中国人的信仰，它不是宗教的，却是如假包换的信仰。

4

“中国是包括固有之二十八省、蒙古、西藏而成之整个国土，中华民族是由我汉、满、蒙、回、藏及其他各民族而成的整个大国族。日本帝国主义肆意武力侵略，其目的实欲亡我整个国家，奴我整个民族，凡我任何一部分土地，任何一部分人民，均无苟全侥存之理。”

窗外的夜空中，有人放起了焰火。炉火旁的我们一起来到窗边，看映秀的焰火。璀璨的焰火不时地照亮夜空，也照亮了孩子们的脸……

◇**阿依古丽：**叔叔，您知道吗，刚才听您讲抗日战争故事的时候，我就在想，我们新疆的少数民族今后也要为中华民族这个大家庭作出更多的贡献。

◆**我：**古丽，叔叔正想告诉你呢，其实在抗日战争时期，咱们新疆的少数民族也为国家作了很多的贡献。

◇**阿依古丽：**是真的吗？

◆**我：**当然是真的了。抗日战争爆发后，新疆成为中国抗战的大后方。1941 年太平洋战争爆发后，滇缅公路被日寇切断。各国援华物资除了由飞越喜马拉雅山的“驼峰”空运之外，大部分只能经陆路从新疆运至内地抗日前线。为了打通这一国际陆运通道，新疆各族人民不眠不休，奋力抢修了 1500 多公里的公路。当年苏联援华的 1235 架歼击机和大量的坦克、大炮、机枪、弹药，都是通过这条霍尔果斯－迪化－哈密－星星峡公路运往抗日前线的。除了这条大动脉，新疆各族人民还以巨大的勇气开辟出了一条印新驮路，将美国的援华物资从印度用骆

链接

左宗棠抬棺收复新疆

1864年，中亚的浩罕汗国军事头目阿古柏入侵南疆，建立“洪福汗国”。沙俄也趁机于1871年7月侵占伊犁。1875年5月，清廷下诏授左宗棠以钦差大臣督办新疆军务，出塞平叛。已经年过六旬的左宗棠驻军哈密兴修水利、屯田积谷，在兰州建立“兰州制造局”，为西征军修造大量枪炮，并制定了“先北后南”“缓进急战”的正确战略。经过一年多时间的艰苦作战，西征军先后荡平北疆和南疆，最后逼得走投无路的阿古柏服毒自杀。为了收回被沙俄侵占的伊犁，左宗棠不顾年迈，决心亲征，“壮士长歌，不复以出塞为苦也，老怀益壮”。他命令下属给自己打造了一口棺材，让士兵抬着棺材出征，由肃州出发入疆，坐镇哈密，指挥前线，向世人表达自己为收复伊犁血战到底的决心。在左宗棠强大的精神意志和军事压力面前，蛮横的沙俄最后服软，退出伊犁，新疆全境收复，160多万平方公里大好河山重新回到祖国的怀抱。

驼、牦牛、驮马翻越高耸入天的喜马拉雅山脉和喀喇昆仑山脉，抵达新疆叶城，然后辗转运往抗日前线。在这条冰川峡谷的天路上，喀什人民投入了几乎全部驮马，损失十分惨重，许多维吾尔族马夫都牺牲在这条路上。

◇**阿依古丽：**原来我们维吾尔族也为抗日战争作出过贡献啊！

◆**我：**是的，古丽。新疆最有名的抗日故事是捐飞机。1938年，新疆各族人民捐款购买了10架战斗机，命名为“新疆号”，送往抗日前线，参加了武汉保卫战，沉重地打击了日寇；后来，新疆开展了轰轰烈烈的“一县一机”捐献运动，共捐献了144架飞机，超过原计划1倍以上；被誉为“新疆第一舞人”的舞蹈家康巴尔汗·艾买提从苏联留学回来后，自发组织抗战义演募捐，街头巷尾成了她抗日宣传的战场；和田的农民艾沙因家贫无力捐助，便将自己18岁的儿子玉素甫送往抗日前线，称“倘不忠实抗战，宁可不见子面”。

◇**丹尼尔：**原来新疆在那个年代就发生过这么多的故事啊。对于这段历史，过去我还真的不太了解。

◆**我：**是啊，丹尼尔先生，史海钩沉，在乎用心。卓玛，你是不是也想问叔叔，咱们藏族有没有为抗日战争作出过贡献？

◇**求吉卓玛：**是的，叔叔，我还没开口，就被你看出来了。

◆**我：**当然有了，卓玛。中华民族同仇敌忾的历史时刻，又怎能少得了藏族同胞呢？九一八事变爆发后，九世班禅作为国民政府西陲宣化使，不辞辛劳向各族群众宣传抗日救国，临终前还发表了《告西陲民众书》，希望广大同胞团结一心，完成抗日救国大业。藏区的僧俗群众节衣缩食，开展了空前的捐款支前运动，仅仅甘肃拉卜楞藏区人民捐赠的钱财就足以购买30架飞机，被国民政府授予“输财卫国”的匾额。拉卜楞寺的许多僧人还报名参加了抗日队伍。而1938年的《康藏民众代表慰问前线将士书》更是留下了不绝的历史回响：“中国是包括固有之二十八省、蒙古、西藏而成之整个国土，中华民族是由我汉、满、蒙、回、藏及其他各民族而成的整个大国族。

链接

历世班禅的爱国情怀

一世至三世班禅均为后人追认，第一位获得班禅称号是四世班禅罗桑·却吉坚赞，清朝中央政府建立后，他与达赖派遣代表到京表示归顺；1713 年，康熙封五世班禅罗桑益西贝桑布为“班禅额尔德尼”，班禅报中央政府册封成为定制；1779 年，六世班禅罗桑华丹益希进京觐见乾隆；七世班禅丹白尼玛时期，清朝中央政府派兵入藏，将入侵的廓尔喀人驱逐出境，并确定了金瓶掣签等重大制度；八世班禅丹白旺修是第一位通过金瓶掣签产生的班禅；九世班禅确吉尼玛早期与十三世达赖共同领导了抗英斗争。九一八事变后，号召共同抗日；1949 年 10 月 1 日，十世班禅确吉坚赞电贺中华人民共和国成立，愿为解放西藏、完成祖国统一贡献力量。1951 年，热烈拥护和平解放西藏；2019 年 1 月 28 日，在十世班禅大师爱国思想学术研讨会上，十一世班禅确吉杰布说：“历世班禅额尔德尼，都具有爱国爱教、护国利民的光荣传统。祖国的统一和民族的团结，佛法的继承和传播，这是历世班禅额尔德尼在任何时代、永恒不变的目标和理想。”

日本帝国主义肆意武力侵略，其目的实欲亡我整个国家，奴我整个民族，凡我任何一部分土地，任何一部分人民，均无苟全侥存之理。”卓玛，你的先辈没有让你失望，相信你未来也不会让他们失望的。

◇**求吉卓玛：**嗯嗯，我记住了。在国家危难的时刻，我们藏族与全国人民一样，都有一份血浓于水的家国情怀。

◇**李勇：**大家一起坐下来聊吧，我来给大家倒茶。

◇**求吉卓玛：**李叔叔，您也请坐，让我和古丽姐姐来吧。

◇**李勇：**谢谢孩子们。卓玛，咱们汶川地处青藏高原和成都平原的交界处，属于阿坝藏族羌族自治州，也算是藏区的边缘地带。你知道吗，其实我也是藏族的。

◇**求吉卓玛：**哇，原来李叔叔也是藏族的呀。

◇**李勇：**咱们汶川也有一个藏族远征军的故事，你想不想听啊？

◇**求吉卓玛：**想听，想听。

◇**李勇：**1840年鸦片战争爆发之后，清政府从全国各地调集兵马抗击侵略者，调兵令也传到了远离前线的汶川县三江乡土司索衍手中。面对国家危难，索衍立即派出2000名藏兵，开赴东南沿海保家卫国。汶川藏兵头戴虎皮帽，作战十分勇敢，曾率先攻入宁波城门，还曾在镇海与英国侵略军展开肉搏战，沉重地打击了侵略者。由于敌强我弱，许多藏兵都在战斗中英勇牺牲。他们的生命留在了万里之外的海边，唯有辫子被剪下来送回了故乡。后来，人们在汶川的三江修建了一座

链接

西藏江孜宗山抗英遗址

1903年，英国近万人的武装使团从印度、经锡金由亚东入侵西藏，其目的是攻占拉萨，江孜宗山就成为必争之地。1904年4月11日，英军到达江孜，凭借先进的武器强行推进，滥杀无辜。十三世达赖下令西藏军民抵抗，江孜境内16岁至60岁的男丁被紧急征召抗英。西藏军民在宗山上用土制枪炮与围攻的英军激战，顽强抵抗两个多月，终因清政府的腐败无能、武器落后及火药库意外爆炸，全部壮烈殉国。7月7日，宗山城堡失守。守卫城堡的最后的藏军不愿被俘，全部跳崖。1961年，宗山抗英遗址被国务院列为全国重点文物保护单位。后来在宗山下面的广场上建立了江孜宗山英雄纪念碑。1996年，被中共中央宣传部定为全国百家爱国主义教育基地之一。

西藏抗英战士的历史照片

“辫子坟”，以缅怀这些为祖国捐躯的勇士们。卓玛，这个辫子坟今天还在，有机会你可以去看看。

◇**求吉卓玛：**李叔叔，您一定要带我去看。我真的好为这些保家卫国的藏兵感到骄傲。

◇**李勇：**我还有一个亲身经历的地震故事，想讲给古丽听，这个故事的主人公是一名维吾尔族大叔。

◇**阿依古丽：**维吾尔族大叔？

◇**李勇：**是的。汶川地震之后大概一个月时间，有天晚上9点多，我们正在指挥部的帐篷里忙碌工作，忽然进来了一个50多岁的维吾尔族大叔，比画着要找县领导。我说，县领导开会去了，你有什么事可以跟我们说。他不肯，坚持要见到县领导。过了一个多小时，县长开会回来了。这位维吾尔族大叔一边比画着，一边从怀里掏出一块旧手帕，打了开来，原来里边包着3万元钱，他要全部捐给灾区。后来才知道，这位维吾尔族大叔的家庭十分贫困，然而当他在电视上看到汶川发生地震之后，就把家里所有的钱都拿了出来，他的老婆把家里的首饰都卖了，终于凑足了3万元钱。然后，他一路省吃俭用，从新疆赶到了汶川，要把这些钱全部捐给灾区。那一天，面对这位纯朴的维吾尔族大叔和那用旧手帕包着的3万元钱，整个帐篷的人们都哭了。

◇**阿依古丽：**天哪，这位大叔真的从新疆赶到汶川的？

◇**李勇：**是的，从新疆赶到汶川。今天想来，这份跨越了大半个中国的同胞之爱，不是血浓于水的家国情怀又是什么？

◆**我：**每次中国发生地震灾难，新疆的维吾尔族同胞都会自发地烤上几万个馕，千里迢迢地送到灾区。汶川地震的时候是如此，芦山地震、玉树地震以及后来的九寨沟地震的时候也是如此。其实，除了维吾尔族和藏族，中国其他少数民族也同样有着悠久的爱国传统。孩子们，你们不是一直想听柯尔克孜族护边员的故事吗，现在叔叔就给你们讲讲吧。叔叔这次寒假去新疆，一是去喀什的麦盖提县看望爱心夜校的孩子们；二是去阿克陶县的巴仁乡巴仁村看望刚刚结对助学的几十个可爱的孩子。不过，这次南疆之旅最重要的行程，还是践行自己的诺言，去克州为柯尔克孜族护边员进行义务巡讲。

◇**小安：**刘教授，什么叫作护边员？

◆**我：**中国有着全世界最复杂的陆地边境线，总长度达到了2万多公里，与14个国家接壤。其中1/4边境线在新疆，与8个国家接壤。如此漫长复杂的边境线仅仅依靠边防部队的兵力是远远不够的，因此也就有了一支特殊的队伍——护边员，我们大致上可以将其理解为一支特殊的民兵部队。柯尔克孜民族是英雄玛纳斯的后代，世世代代为中央王朝守边护边，具有十分悠久的护边传统和爱国传统。克州是中国唯一的柯尔克孜族自治州，镇守着祖国最西的边境，有着长达 1200 公里的边境线，与 6 个中亚、南亚国家接壤，是祖国最后一缕阳光落下的地方，也是帕米尔高原、昆仑山脉和天山山脉交汇的“万山之州”。在世界泛伊斯兰化威胁日趋严重、“三股势力”十分猖獗的今天，能否牢牢守护住祖国的西部边境，事关整个国家的安全与稳定。柯尔克孜族护边员常年巡逻于边境线的冰川高原，无怨无悔地为祖国守边护边，布茹玛汗・毛勒朵妈妈就是其中的杰出代表。从 1964 年成为乌恰县吉根乡的首批护边员开始，布茹玛汗妈妈守卫冬古拉玛山口长达半个世纪，创造了从未发生人畜越境的守边奇迹。她把边防战士当成自己的

链接

抗美援朝战争的长津湖战役

1950 年，美国发动朝鲜战争，将战火烧到了鸭绿江边。新中国在极其困难的条件下，派出志愿军入朝参战。为了战役发起的突然性，宋时轮第九兵团于 11 月 17 日悄悄进入长津湖地区。长津湖地区是朝鲜最为苦寒的地区，海拔在 1000 米至 2000 米，夜间最低温度接近零下 40 摄氏度。第九兵团的战士穿着华东温带的冬季服装，趴在冰天雪地里，埋伏了整整 6 天 6 夜。当冲锋号吹响的时候，很多战士早已经被冻死。没有冻死的战士也已经被冻得神志不清了，然而听到冲锋号响起，他们一跃而起，拖着被冻得坏死的残腿，向敌人发起了最猛烈的冲锋。就在这里，志愿军战士用最坚强的意志和最无畏的牺牲，将用钢铁包裹起来的最强大的敌人彻底击溃于长津湖之畔。长津湖战役彻底扭转了朝鲜战争的大局，然而代价十分惊人：志愿军伤亡 5 万多人，其中战斗伤亡 2 万多人，冻死冻伤高达 3 万多人。

布茹玛汗妈妈将“中国”二字刻在边境石头上

儿子，尽管生活十分贫困，却竭尽所有给战士吃住，每年把仅有的羊留给边防战士吃，把最暖的铺盖留给边防战士盖。边防战士的脚冻伤了，她就宰杀了自己的羊，用温热的羊血救活了战士的脚。布茹玛汗妈妈熟悉边防线上的一草一木一石，就像熟悉自己的手指头一样。有一次，她发现界碑被人挪动了两个拳头的位置，立即在悬崖山谷间策马飞奔了 11 个小时，向派出所报告情况。经过认真勘察，发现界碑果然被人挪动了 25 厘米。等到和官兵一道将界碑移回原位后，布茹玛汗妈妈一下子就虚脱瘫倒了。布茹玛汗妈妈不识字，在这条艰难孤独的护边路上，她就用自己专门请教学会的汉字和柯尔克孜文字，在无数的石头上刻下“中国”的字样，告诉所有人，这里是中国的神圣领土。孩子们，这就是平凡而又伟大的柯尔克孜族护边员，每一座毡房都是一个流动的哨所，每一个牧民就是一个活着的界碑。

◇**小安：**每一座毡房都是一个流动的哨所，每一个牧民就是一个活着的界碑。刘教授，这些柯尔克孜族护边员真的太伟大了。今天，我才算是真正理解了人们常说的一句话——哪有什么岁月静好，不过有人为你负重前行。

◆**我：**在前往边境线巡讲的路上，我常常会遇到正在巡逻的护边员队伍。远远望去，总是 5 个人排成一列纵队，静静地在冰天雪地之中巡逻前进。那么孤独的巡边路，没有打闹，也没有聊天。就这样子，静静地纵队前进，警戒着，行进着。看

柯尔克孜族护边员在边境巡逻

到我们的车队过来了，他们就变纵队为横队，在远处向我们敬礼。等到我们的车队过去，他们又变横队为纵队，继续向前巡逻。真不愧是世世代代为祖国守边护边的民族，那种透入骨髓的基因力量，瞬间就击中了我的内心。那一刻，我真的好为自己是一名中国人而感到骄傲。丹尼尔先生，当今世界很不太平，许多国家都已经无力管控自己的边境线，非法越境十分猖獗。然而，当我在帕米尔高原和昆仑山之巅，看着这些柯尔克孜族护边员在冰天雪地中默默前行的身影时，我完全相信了，我们中国人绝对有能力保卫自己的边境安全。

◇**丹尼尔：**谢谢您为我们带来的这些故事。看得出来，您对西方社会的舆论环境是比较了解的，所以有些话我就不多说了。不过，可以肯定的是，至少对于我个人而言，今后很可能会用另外一种眼光来看待中国的民族关系了。而且，今天您的讲述也解开了一直缠绕在我心中的一个谜。我现在明白了：仅仅依靠强制，是不可能造就一个巨人的。

◆**我：**美国著名汉学家费正清在《伟大的中国革命》中写道："全欧洲和南北美洲住着十多亿人，这十多亿人生活在大约 50 个主权独立的国家，而十多亿中国人却生活在单单一个国家里，从古到今，相沿数千年而不改。这个惊心动魄的事实，全世界中学生都是熟悉的，但是迄今为止几乎没有人对它的含义做过分析。"这次在 4000 多米海拔的边境线上宣讲的时候，我对护边员们说："中国是全世界唯一一个已经进化出了二元民族概念的国家。比如说，我是汉族，你们是柯尔克孜族，然而我们都有一个共同的名字，叫作什么呢？”护边员们大声喊道：“中华民族！”我说：“好的，那我今天就跟你们好好聊聊，什么叫作中华民族，什么叫作中国人的家国情怀，为什么我们要热爱这个伟大的国家。”

5

给孩子最好的财产不是钱，不是权，而是一个好社会和一个好人格。所有人都应该牢牢记住：社会才是你的第一财产，社会是那个“1”，其他东西都是后面的“0”。

窗外的夜渐渐地深了，然而天空中的焰火却越来越多了起来，提醒我们，这是春节的夜。李勇往炉火里添了一些柴，书院里的谈话又继续了……

◇**丹尼尔：**刘教授，您前面说了，您是一名共产党员。那么，您介意我请教一个关于共产主义的问题吗？

◆**我：**当然不介意，您请问吧。

◇**丹尼尔：**刘教授，您信仰共产主义吗？

◆**我：**我当然信仰共产主义了，丹尼尔先生。

◇**丹尼尔：**刘教授，其实我特别欣赏您实事求是的态度，这也是我们前面之所以能够达成很多共识的原因所在。所以，您确认您刚才的这个答案也是如此的吗？

◆**我：**我完全确认，丹尼尔先生。

◇**丹尼尔：**您的回答让我有点吃惊。不过鉴于您刚才已经让我们吃惊了好几回，所以我还是十分乐意听听您的解释。您能否继续用实事求是的语言告诉我们——什么叫作共产主义？为什么您会信仰共产主义？

◇**小安：**其实我也很想知道这个问题的答案。

◆**我：**谢谢你们对我的信任，希望接下来的讨论不会让你们太失望。我们还是从中国人的信仰——家国情怀说起吧。如果说，我们每个人都会离开，而我们最大的希望就是我们的孩子，那么我相信，我们一定会把自己最好的财产都留给自己的孩子，这样才不枉为父为母一场，你们说对不对？

◇**丹尼尔：**没错。

◇**小安：**嗯嗯，没毛病。

◆**我：**现在问题来了——什么才是我们能够留给孩子的最好的财产呢？给他们钱吗？给他们权吗？都不是。在我看来，给孩子最好的财产不是钱，不是权，而是一个好社会和一个好人格。

◇**小安：**给孩子最好的财产不是钱，不是权，而是一个好社会和一个好人格。

◆**我：**是的。先来说说好社会吧。我举个例子。你们都知道我住在上海，也一定知道上海的房价很高吧。前些年，一线城市的房价飙升，搞得整个社会心浮气躁。在高房价面前，多少亲人反目成仇，多少路人相互为狼；刚入职的公务员无心做事，做实业的企业家心旌摇移。说得严重点，整个社会的人心都面临着被高房价异化的危险。

◇**小安：**唉，刘教授，不要批评我思想激进哦，我觉得现在社会就是如此，每个人都在捞钱，买房子简直成了人生的头等大事。我大学都还没有毕业呢，一想到以后买房子的问题，头皮就有点发麻。

◆**我：**是啊，房子真的好重要。不过，这个世界上总有比

位于上海的马勒别墅，原为英籍犹太富商马勒建于 1936 年的私人花园别墅，1949 年后成为共青团上海团市委办公场所

房子更重要的东西。我给你们讲一个真实的故事吧。有一次，我们在上海举办一个香港大律师的培训班。香港大律师嘛，你们都知道的。不过我并不担心，因为我对待他们的方法很简单，那就是——实事求是。我带领他们到农村，到社区，一起去看看，内地的共产党员都是怎么干活的。有一次，我们步行经过淮海路，一位大律师突然就挪不动脚步了。他望着路边的一座别墅，怔怔地望着。我有点好奇，就问他："您在看什么？"他说："刘教授，您知道吗，这座楼是我们家的。"我有点吃惊："你们家的呀，那您要不要去要回来？"他摇了摇头："要不回来了。"为什么要不回来呢？因为革命了嘛。当年他的

父母逃离上海，前往香港的时候，一砖一瓦都带不走。兵荒马乱之中，还差点出了事。你不是精英吗？你不是很强大吗？当王纲解纽社会倾覆的时候，你才知道自己有多么的脆弱。原来啊，你过去的强大和富裕，都是社会赋予你的，都是社会保护你的。没有了社会的保护，你什么都不是。因此，所有人都应该牢牢记住：社会才是你的第一财产。社会是那个“1”，其他东西都是后面的“0”。“1”在，后面的“0”就有意义；“1”不在，后面再多的“0”都没有意义了。

◇**小安：**我十分同意您的观点——社会才是我们的第一财产，社会是那个“1”，其他的东西都是后面的“0”。

◆**我：**两年前，我去访问一家报业集团。这个报业集团的旗下有一个著名的大报，办公地点就在上海滩的一座老别墅，叫“严同春住宅”。这座老别墅是20世纪二三十年代上海滩一位姓严的沙船王和房产商为自己的家庭营造的私家住宅，如今居然容纳了一个300多人的大报社，这座老别墅究竟有多大就可想而知了。当时，站在这座老别墅的院子里，我的心里只有一个念头：当年这位姓严的商人，一定是以打造万世不拔之基业的标准来打造这座房子的，其实他的心愿十分简单，那就是——希望自己的子子孙孙在这座梦幻般的房子里幸福生活，代代相传。很可惜，还没有传到第二代呢，就革命了。于是，“严同春住宅”变成了报社新宅。真可谓，眼看他起朱楼，眼看他宴宾客，眼看他楼塌了。

◇**小安：**好一句“眼看他起朱楼，眼看他宴宾客，眼看他楼塌了”，好一曲乱世离人空余恨的《桃花扇》。没错，当王纲解纽社会倾覆的那一刻，一切就真的都成泡影了。

◆**我：** 如果有一天我们要离开这个世界，又岂能忍心把自己的孩子留在这样一个乱世之中呢？所以我相信，我们留给孩子的最好财产，首先就应该是一个好社会。

◇**小安：** 可是，刘教授，恕我直言啊，现在很多有钱人早已经办好了加拿大移民，等到有一天中国社会真的乱了，人家一张机票就拔腿走人了。到头来，倒霉的还是我们这些没钱的人。

链接

《桃花扇》

《桃花扇》是清代孔尚任创作的传奇剧本，全剧以侯方域和李香君悲欢离合的爱情为主线，展现了明朝末年的社会悲剧。1644年，李自成攻破北京，崇祯皇帝自杀，明朝灭亡。魏忠贤余党马士英和阮大铖拥立福王为帝，在南京建立南明弘光政权。马士英、阮大铖把持朝政，结党营私，卖官鬻爵，迫害异己。清军过江后，势如破竹，攻陷南京，弘光政权只维持了一年就覆灭了。《桃花扇》是一部接近历史事实的历史剧，重大事件均属真实，揭露了弘光政权衰亡的原因，表达了明朝遗民的亡国之痛。该剧作问世三百余年来长盛不衰，被改编成多个剧种上演。《哀江南》是《桃花扇》结尾《余韵》中的一套北曲，其中一段唱道："俺曾见金陵玉殿莺啼晓，秦淮水榭花开早，谁知道容易冰消！眼看他起朱楼，眼看他宴宾客，眼看他楼塌了！这青苔碧瓦堆，俺曾睡风流觉，将五十年兴亡看饱。那乌衣巷不姓王，莫愁湖鬼夜哭，凤凰台栖枭鸟。残山梦最真，旧境丢难掉，不信这舆图换稿！诌一套《哀江南》，放悲声唱到老。"

◆**我：**是的，小安。我的确见过很多这样的人，在中国挣着钱，在加拿大留着后路。似乎搞坏了中国社会，对他们来说也无所谓。不过，也不要高兴得太早了。如果有一天中国社会真的乱了，你猜猜会有多少人去加拿大呢？你可以去加拿大，我就不可以去加拿大吗？你可以财富移民，他可以技术移民，我既没有财富又没有技术，总还可以当难民吧？而等到一船一船的难民涌进加拿大，你猜猜加拿大人会怎么对付华人？“排华”这种事会发生在东南亚，就一定不会发生在加拿大吗？而等到“排华”真的发生的时候，你总不能在身上贴张纸条来证明自己很早就移民加拿大了吧？人家才不管你是什么时候来的加拿大。很可惜，你改变得了自己的国籍，改变得了自己的名字，却永远改变不了祖宗留给你的这张黄色的脸。还有，说得再远一点，你真的确认，加拿大永远是天堂吗？中国社会都5000年了，加拿大总共才多少年啊？人无远虑，必有近忧。所有的中国人都应该记住，无论你身在何处，你的命运都与中国社会息息相关。千万不要“舟之将沉，舟客互庆”，因为这个社会的繁荣稳定永远都是你幸福的基石。

◇**丹尼尔：**我同意您的观点。坦率地说，现在不管是加拿大还是美国，其实都不太欢迎移民了。

◇**李勇：**是啊，否则特朗普总统为什么拼了老命也要修墙呢。

◆**我：**丹尼尔先生，其实“移民”这个概念本身就是西方创造出来的，因为你们曾经有很长时间的殖民历史，所以有必要将这个概念正常化甚至美化。现在，你们也意识到应该反思这个问题了，真是形势比人强啊。前些时候，有一些西方国家在国际舆论上鼓噪，要求中国接收国际难民。丹尼尔先生，这些难民是怎么产生的，您应该很清楚。就算不说这个，在我看来，要想真正帮助一个国家的人民，首先就应该帮助他们建设好自己的家园，而不是鼓励他们学会拔腿走人。必要的移民是正常的，但是如果轻谈移民，这既是对故土的不负责，也会给新的土地带来很多的麻烦。中国人深知故土难离，因此早就在用自己的方式帮助许多非洲国家了。丹尼尔先生，就在咱们说话的这个时刻，您知道有多少来自中国的建设大军正在帮助

蒙内铁路首发列车由肯尼亚历史上首批女司机驾驶，她们正在跟随中国老师熟悉操作流程

非洲修铁路，修公路，修机场吗？这会儿，可是中国人的春节呢。

◇**小安：**我有一个亲戚现在就在非洲的厄立特里亚修公路呢，今年春节好像也回不来了。

◇**丹尼尔：**“要想帮助一个国家的人民，首先就应该帮助他们建设好自己的家园，而不是鼓励他们学会拔腿走人。”这句话让我很受触动，我会认真思考的。

◆**我：**让我们回到主题上来吧。前面说了，给孩子最好的财产，不是钱，不是权，而是一个好社会和一个好人格。刚才说了好社会，现在说说好人格吧。打个比方，钱固然很重要，但是一定没有水重要。水是生命之源，我们每个人每天都离不开水。如果你担心自己的孩子未来没有水喝，你完全可以在家里存上一个游泳池的水。水是够多了，可是，你怎么就不担心，你那还不会游泳的孩子有一天要是不小心掉进去怎么办？你会游泳，他可不会游泳。这些水是你当年搏击风浪挣下的江山，你的孩子可没有驾驭它的本领。你把它无条件地交给孩子，怎么就不担心他会翻船出事呢？原来啊，水不仅“善利万物而不争”，过多的水还可以杀人于无形。那么，过多的水可以杀人，过多的钱能不能杀人呢？我想应该是可以的，过多的钱杀死的，往往是孩子的好人格。有一个孩子，我认为他的好人格就是被过多的钱杀死的。几年前，他在杭州驾驶着一辆跑车，以据说只有70码的车速将一个行人撞死了，结果被判了3年徒刑。过了几年，又被媒体给逮着了。原来，有天晚上，

链接

杭州 70 码事件

2009 年 5 月 7 日晚 8 点多，杭州青年男子胡某驾驶浙 A608Z0 号三菱牌 EVO 跑车，在文二西路由东向西行驶至南都德迦西区门口时，撞飞正在从斑马线过马路的男青年谭某，致其当场死亡。8 日下午，杭州市公安局召开新闻发布会，认定肇事者胡某有超速驾驶前科，肇事车辆不存在改装，案发时肇事车辆车速每小时 70 码左右。这一说法与部分目击者“受害者被撞飞数米高、20 多米远”的描述反差较大，引起了许多网民的质疑。5 月 14 日，杭州市公安局发布交通肇事案鉴定报告，认定事故车在事发路段的行车时速在 84.1 公里到 101.2 公里，且肇事车辆的发动机进排气系统、前照灯、悬挂、轮胎与轮辋、车身内部已在原车型的基础上被改装或部分改装。5 月 15 日，杭州警方以交通肇事罪向检察院提请批捕，并认定本次事故由胡某承担全部责任，同时也就早前的 70 码说法向公众道歉。7 月 20 日，杭州市西湖区人民法院对该案进行一审判决，被告人胡某一审被判有期徒刑 3 年。

他驾驶着一辆白色的宝马车，想玩玩高速过弯，一不小心，翻车了。能把宝马车开到四轮朝天，那也得有点本事才行。结果呢，这孩子从车里钻了出来，拍拍屁股回家去了，一点事也没有。后面的事情，老爸老妈搞定，习惯了。我想，在这些孩子的心中，人生最快活的事情，大概就是开着一辆豪车狂飙而过，然后旁边坐着一个美女在尖叫。这种虚浮扭曲的价值观，我看迟早是要“坑爹”的。不过呢，也不要责怪孩子，有一句话不知道你们同意不同意，那就是——所有“坑爹”的，首先都是被爹“坑”的。

◇**李勇：**所有“坑爹”的，首先都是被爹“坑”的。说得好，我同意。

◇**小安：**嗯嗯，这句话有道理哦。

◆**我：**想一想，是谁给孩子钱？是谁给孩子豪车开？是谁给了孩子他根本驾驭不了的财富和权力？是你。孩子是一张白纸，怎么画是由你的。要么你上梁不正下梁歪，自己乱画；要么你没空画，任由别人来乱画。你害了孩子，孩子就用他的方式来报复你。中国人是注定看不破孩子的，既然看不破，那就要看得懂——什么才是给孩子最好的财产？我想，除了一个好社会，就是一个好人格。有一个好人格的孩子，他知道自己是谁，知道自己和社会的关系是什么；当他强大的时候，他会懂得“君子以厚德载物”；当他弱小的时候，他会懂得“君子以自强不息”。有一个好人格的孩子，他的世界是可大可小的：机缘好的时候，世界就大一点；机缘不好的时候，世界就小一点。然而，不管他的世界是大还是小，总是完整而美好的，因为他的人格是完整而美好的——任何人的世界事实上都是自己人格的外化。所以说，世界不在于大还是小，而在于完整而美好。只要人格完整而美好，每个人都可以做自己城堡的国王。

◇**小安：**只要人格完整而美好，每个人都可以做自己城堡的国王。这句话让我很受用，我忽然明白了一个很重要的道理。

◆**我：**拥有一个好人格的孩子，走到哪儿都不会不受欢迎的——做下属，领导喜欢；做领导，下属喜欢；做精英，他会是一个为人民服务的好精英；做百姓，他也会是一个遵纪守法的好公民。然而，如果一个孩子的人格是残缺的，那么无论他的世界是大还是小，最终都是残缺的。无论将来他走得有多远，这份残缺随时都有可能给他带来不测的致命性伤害。

◇**丹尼尔：**其实这个道理不仅仅适用于中国的孩子，对于我们西方国家的孩子来说，也是同样适用的。

◆**我：**丹尼尔先生，其实我们已经跑题很久了。不过，当下中国社会孩子的人格教育问题十分突出，所以很抱歉，我还得再说上几句。中国人向来把孩子当作自己生命的延续，然而很多人并不知道，其实我们对孩子的遗传是由两个部分组成的：一个是生理性遗传，靠的是基因；另一个是人格性遗传，靠的是教育。有文字记载的人类文明有 5000 年了，这 5000

2009 年 5 月 12 日，由四川省委省政府主办的汶川大地震周年图片展《铭记　奋起》在该省科技馆开幕，小学生们在成都参观汶川大地震周年图片展

年文明事实上奠定了我们人之为人的基础。然而，放在生命进化的几十亿年的时间长河里，这 5000 年不过是惊鸿一瞥罢了。因此，从科学上说，这 5000 年的文明成果是不可能来得及写进基因的，事实上也是不可能写进基因的。所以啊，基因的生理性遗传其实只为你复制了一个生命的“硬件”，只有教育的人格性遗传才能够为你复制这个生命的“软件”。既然你要让孩子继承你的所有财产，那么你就应该让孩子拥有像您一样的好人格——你坚强，他也应该坚强；你善良，他也应该善良。只有这样，你的孩子才能够驾驭好你留给他的东西。如果你希望孩子做得比你更好，那么就好好地教育他，让他比你更坚强，更善良，相信他一定会创造出一个更完整更美好的世界来。这才是我们应该留给孩子的最好的财产——一个好社会，一个好人格。外有一个好社会的保护，内有一个好人格的支撑，二者良性互动，我们的孩子是不可能不幸福的。而等到我们不得不离开他们的时候，我相信我们也会是放心的。

◇**丹尼尔：**这些道理真的很重要，我一点也不觉得跑题，就算跑题也没有关系。

◆**我（笑）：**好的，丹尼尔先生，既然您不嫌弃，那我就最后再跑题一次。我给大家讲个故事吧。《资治通鉴》里有这么一个记载，说的是汉宣帝的时候，有个大臣叫疏广，官至太子太傅，准备急流勇退，告老还乡。皇帝恩准，并赐黄金 20 斤；皇太子念其师恩，赠黄金 50 斤。疏广回到乡里，每天让家人变卖黄金，摆开筵席，请亲朋好友吃饭喝酒。有族人就看不下去了，私下里劝他：您也不能把钱都这么花了呀，为什么不给子孙添置点产业呢？你们猜猜，疏广是怎么回答的呢？他说："吾岂老悖不念子孙哉！顾自有旧田庐，令子孙勤力其中，足以共衣食，与凡人齐。今复增益之以为赢余，但教子孙怠堕耳。贤而多财，则损其志；愚而多财，则益其过。且夫富者众之怨也，吾既无以教化子孙，不欲益其过而生怨。"于是，族人皆悦服。丹尼尔先生的中文底子很好，应该能听得懂这段文言文。疏广这段话的大致意思是：我还没有老糊涂到不顾子孙，看看家里已经有些旧田地了，只要子孙辛勤劳动，过上普通人的生活是没有问题的。今天要是把这么多钱留给他们，只怕会害了他们。如果子孙有本事，岂不是会消解他们的斗志？如果子孙是笨蛋，岂不是会助长他们的过错？

◇**小安：**说得真好，"贤而多财，则损其志；愚而多财，则益其过"，古人的人生智慧，可真是了不得。

◆**我：**几年前，我参加一个活动，有个人过来跟我搭讪，他说："唉，我现在也就一个儿子，我也没有太多的财产留给他，也就留了7套房子。我想，即便以后他是个纨绔子弟，这房租应该也够他花的了。"我说："放心吧，如果他真的是个纨绔子弟，我敢保证，他早晚会把这7套房子吃得光光的。"

6

一个好社会，理应是“公”与“私”的辩证统一，是“每个人的自由发展是一切人的自由发展的条件”，是“不独亲其亲，不独子其子”。共产主义理想是天下大同理想站在人类文明肩膀上的 2.0 版本。

字作
國協

窗外的夜空越来越热闹了，远处近处不时地传来鞭炮声，映秀的春天，已经变得很有人气了，书院里的谈话依然还在继续中……

◆**我：** 跑了半天的题，该回来继续讨论我们的主题了。好人格的事情就说到这里，现在我们回过头来，继续讨论好社会。如果说，好社会真的很重要，那么，什么样的社会才算是一个好社会呢？我给大家举个例子吧。2014年夏天，我受四川省阿坝州的邀请，到阿坝州进行一次义务巡讲。在虹桥机场登机的时候，我在朋友圈里发出了一条微信："相约，筹备，等待……今天，在魔都的烟雨蒙蒙之中，我启程飞往美丽的阿坝藏族羌族自治州，开始我计划已久的高原巡讲之旅。在那里等待我的，有纳尼亚般绝美的仙境，有格桑花般可爱的孩子，有马不停蹄的7场义务巡讲，还有那令人心驰神往的，我的最爱的短期共产主义生活。"然后，我就关上手机，登机飞走了。3个小时之后，我在双流机场打开手机，发现朋友圈里有了好多的点赞和评论。有的朋友说："刘教授，一路平安！"有的朋友说："刘教授，要注意安全哦，3500米的高原，跟拉萨也差不多了。"忽然，有位朋友冒了一泡："刘教授，啥叫共产主义生活啊？”是啊，啥叫共产主义生活啊？现在都什么年代了？市场的年代，资本的年代，你居然还在提共产主义生活，发烧了吧？我不禁笑了起来，回复道：“你真的想知道吗？那我来告诉你吧。用最抽象的语言说，那就是——‘代替那存在着阶级和阶级对立的资产阶级旧社会的，将是这样一个联合体，在那里，每个人的自由发展是一切人的自由发展的条件。’”

◇**小安：**刘教授，这好像是《共产党宣言》里面的一句话？

◆**我：**是的，小安。不仅如此，这很有可能还是《共产党宣言》里面最重要的一句话。今天，我就要借这句话来辨析一个说法。常言道，共产主义社会应该是一个“大公无私”的社会。我认为，这句话一定要放在适当的语境下正确理解才行，因为马克思和恩格斯自己说了——“每个人的自由发展是一切人的自由发展的条件”。如果大家没太听明白，那么我来翻译一下：如果我们把“每个人”翻译成一个字，叫作“私”，把“一切人”翻译成一个字，叫作“公”，那么这句话是不是就可以翻译成——“私的自由发展是公的自由发展的条件”？

◇**小安：**似乎的确可以这么翻译。

◆**我：**所以，从这个意义上说，“私”很可怕吗？一点都不可怕，只要我们正确理解和对待它就可以了。我打个比方。大家跟我坐在一起这么久，有谁知道我现在肚子痛不痛的？

◇**求吉卓玛：**不知道。

◇**阿依古丽：**只能猜了。

◆**我：**是的，你们不知道。可是为什么要问你们呢？应该问我自己啊。甚至连问都不用问，我自己肚子痛，那就自己找医生去。仔细想想，一个人发育出一整套的生命管理系统，难道不是首先用来照顾自己的吗？如果这个世界上的每个生命都值得被照顾，那么首先让他自己来照顾自己，难道不是一种投入最小、产出最大的方法吗？如果这叫作“私”，那么这个“私”就一点也不可怕了，相反，它还应该成为“公”的前提和基础。可以这么说，只要不越界，“私”本身就是“公”的一部分。因为所有的小河若是都没了水，那么大河的水又该从何而来呢？所有的部分都消失了，那么整体又该从何而来呢？

链接

《共产党宣言》的翻译

五四运动前后，《共产党宣言》缺乏全文翻译，成为先进知识分子急盼解决之事。最终，翻译的重任落在了29岁的陈望道的肩上。1920年早春时节，陈望道回到了故乡浙江义乌分水塘村的老宅。简陋的柴屋里，只有一盏煤油灯、一块铺板、两条长凳。凭借着一本日文版、一本英文版的《共产党宣言》，他夜以继日地翻译。2012年11月29日，习近平总书记在带领十八届中共中央政治局常委参观《复兴之路》展览时，曾生动地讲述陈望道翻译《共产党宣言》的故事：“一个小伙子在家里奋笔疾书，妈妈在外面喊着说：‘你吃粽子要加红糖水，吃了吗？’他说：‘吃了吃了，甜极了。’结果老太太进门一看，这个小伙子埋头写书，嘴上全是黑墨水。真理味道非常甜！”陈望道翻译的《共产党宣言》，是中国共产党成立前后在中国传播最早、影响最大的一本马克思主义著作，为中国共产党的创立和发展奠定了坚实的思想理论基础。

◇**丹尼尔：**“只要不越界，‘私’本身就是‘公’的一部分”，刘教授，这句话从一个共产党员的嘴里说出来，真的让我有点刮目相看。

◆**我：**丹尼尔先生，这是中国共产党人用了整整 30 年时间，付出很大代价之后才悟出的一个道理。新中国成立之后的第一个 30 年里，中国人进行了伟大的社会主义革命和建设，奠定了共和国的坚强基石。然而，过犹不及的是，在强调“公”的同时，中国人把“私”当成了万恶之源，“狠批私字一闪念”“割资本主义尾巴”，准备彻底消灭掉“私”。结果怎么样？消灭了“私”，也就消灭了财富的微观增长机制，事实上也就间接地消灭了“公”，从而导致整个国民经济陷入崩溃的边缘，甚至连温饱都成了问题。于是，当历史的钟摆摆到了“公”的极端之后，就再也摆不过去了，一场革命性的“反摆运动”开始了。1978 年，新中国的第一个 30 年结束，第二个 30 年开始了。从小岗村的分田到户开始，中国人终于释放出了“私”的力量。从此，中国有了私营企业，有了市场经济，也有了资本市场。财富微观增长机制的建立让中国的经济实力获得了质的飞跃，并成功地攀上了 GDP 总量世界第二的历史高峰。然而，又是一次“过犹不及”，在经过了第二个 30 年的快速发展之后，历史的钟摆似乎又摆到了“私”的极端。当时的中国人不是没有“私”，而是太自私了。个人主义、拜金主义大行其道，集体主义精神日益淡薄。如果每个中国人都是以自己的利益为目的，以他人利益和公共利益为手段的话，那么

链接

小岗村的“大包干”带头人

小岗村隶属安徽省凤阳县小溪河镇，1978年冬，安徽省凤阳县小岗村18户农民，以敢为天下先的精神，立下生死状，在一纸分田到户的“秘密契约”上按下鲜红的手印，实行农业“大包干”，从此拉开了中国农村改革的序幕。这18位带头人的红手印催生了家庭联产承包责任制，并最终上升为我国农村的基本经营制度，彻底打破“一大二公”的人民公社体制，解放了农村生产力，使我国农业发展越过长期短缺状态，解决了农民的温饱问题。“大包干”契约作为改革开放珍贵文物，陈列在国家博物馆，彰显了小岗村作为我国农村改革的主要发源地和中国改革标志的历史地位。2018年12月18日，中共中央、国务院授予农村改革的先行者、小岗村“大包干”带头人18位同志“改革先锋”称号，颁授改革先锋奖章。

这种行为的“负外部性”必将颠覆这个社会，每个人的利益也将无从实现。所以说，消灭了“公”，事实上也就等于消灭了“私”。

◇**阿依古丽：**消灭了“私”，就等于消灭了“公”；消灭了“公”，就等于消灭了“私”。叔叔，我感觉这里边有很深奥的道理。

◆**我：**这个道理就叫作辩证法，也就是矛盾的对立统一。叔叔给你举个例子吧。叔叔刚刚上大学的时候，有一次上哲学课。哲学老师说：“今天我要请一位同学用一个例子来说明，什么叫作矛盾的对立统一。”结果，老师翻了翻花名册，居然点了我的名。我站起身来，简直头都昏了，一句话也说不出来。过了几秒钟，忽然福至心灵。于是我拿起一张纸，又拿起一支笔，说："这是纸的正面，这是纸的背面，它们是相互对立的。我不喜欢纸的背面，所以决定用笔捅破它。可是，当我捅破纸的背面的时候，我也就同时捅破了纸的正面，所以它们又是相互统一的。这就叫作矛盾的对立统一，这就是辩证法。"

◇**阿依古丽：**哇，好精彩。我一下子就明白了，您想说的是，"公"与"私"就像是一张纸的正面和背面，它们是相互对立的，又是相互统一的。

◆**我：**是的，古丽。所谓大道至简，本质总是简单的，现象却是复杂的。为什么我们有时候看不见简单的本质呢？那是因为我们被复杂的现象遮蔽了双眼。所以，你们一定要永远保持一颗质朴的初心，这样才能够永远拥有一双智慧的眼睛。

◇**阿依古丽：**我记住了。

◇**求吉卓玛：**嗯嗯，我也记住了。

◆**我：**就这样，经过了第二个 30 年之后，历史的钟摆终于再次回摆，新中国的第三个 30 年开始了，中国特色社会主义的新时代开始了。这个新时代的正式转折点无疑是党的十八大，而其序幕则应该是从 2008 年开始拉开的。

◇**小安：**为什么说第三个 30 年是从 2008 年开始拉开序幕的呢？

◆**我：**中国人有句老话，叫作"三十年河东，三十年河西"。有人认为这不过就是一条俚语而已。其实不然，但凡中国的俚语中出现数字的时候，一定要高度重视。因为这是大数据，历史本身就是大数据。孔子说："三十年曰世。"《说文解字》说："三十年为一世。从卅而曳长之。亦取其声也。"这句话是什么意思呢？"卅"就是三十的意思，把"卅"的尾巴拉长，不就是"世"吗？而且，你们发现了没有，这两个字的发音也很像。在古人的眼里，三十年就是一个世代。其实，像中国这么大的一个国家，要完成一次转身，的确是需要30年的时间。远的我们就不说了，就说最近这100年的历史吧：从1919年到1949年，革命战争年代差不多是30年；从1949年到1978年，社会主义革命年代也差不多是30年；从1978年到2008年，差不多也是30年。

链接

两个30年不能相互否定

2013年1月5日，习近平总书记在新进中央委员会的委员、候补委员学习贯彻党的十八大精神研讨班上发表的重要讲话中明确指出："我们党领导人民进行社会主义建设，有改革开放前和改革开放后两个历史时期，这是两个相互联系又有重大区别的时期，但本质上都是我们党领导人民进行社会主义建设的实践探索。中国特色社会主义是在改革开放历史新时期开创的，但也是在新中国已经建立起社会主义基本制度、并进行了20多年建设的基础上开创的。虽然这两个历史时期在进行社会主义建设的思想指导、方针政策、实际工作上有很大差别，但两者决不是彼此割裂的，更不是根本对立的。不能用改革开放后的历史时期否定改革开放前的历史时期，也不能用改革开放前的历史时期否定改革开放后的历史时期。要坚持实事求是的思想路线，分清主流和支流，坚持真理，修正错误，发扬经验，吸取教训，在这个基础上把党和人民事业继续推向前进。"

◇**小安：**等一等，刘教授。1919年五四运动，这个我理解；1949年新中国成立，这个我理解；1978年十一届三中全会，这个我也理解。可是，为什么是2008年呢？您是故意要凑个30年的整数吗？

◆**我：**小安，2008年不是我定的，是天定的。因为这一年发生了很多的事情，尤其发生了一件天大的事情，那就是——5·12汶川特大地震。2008年是中国改革开放30周年的日子。经过30年的利益分化，中国人的关系已经被金钱严重“离间”了：你是你，我是我，界限分明，产权清晰。中国人还会是一家人吗？中国人还能够团结起来吗？无数人都在问自己。然而，2008年5月12日下午2点28分的那场来自地狱的震颤，瞬间将所有的隔阂打破，将所有的中国人紧紧地团结在了一起。我给你们讲一个真实的故事吧。汶川地震8周年的时候，我和当年抗震救灾的战友们在汶川的萝卜寨聚会，李勇也在。有一位战友对我说：“刘哥，明年我就要转业了，有一个故事埋在我心里很久了，今天我一定要讲给您听。汶川地震的时候，我是成都军区的一名军官，带领着一个连的战士，强行军到映秀救灾。一路上看到满目疮痍，自己却两手空空，越走心越慌。这时候，我突然看到路边停着一辆挖掘机，于是心里一动，走上前去，掏出军官证说：我是部队的，我要去救灾，这台挖掘机我调走了哦？结果那司机说：赶紧拿去，赶紧拿去。又往前走了一段路，我又看到了一台装载机，于是又掏出军官证说：我是部队的，我要去救灾，这台装载机我调走了哦？结

汶川地震大救援

果那装载机的主人怎么回答？他说：你有没有司机啊？如果没有司机，我派司机帮你开进去。等到救灾结束的时候，我的手里有整整 18 台机器，每台都是 100 万元左右的好机器，没有人来讨回去，也不知道该还给谁了。这个时候才想起来，当时调走机器的时候，没有留电话，也没有留名字。就这样，以中国人的名义，以部队的名义，以救灾的名义，调走了。”小安，你知道吗，第二个 30 年的市场经济，已经让中国社会建立起了产权，建立起了界限，建立起了壁垒。然而，2008 年 5 月 12 日下午 2 点 28 分，所有的界限和壁垒瞬间融化了。

◇**小安：**我明白了，从这个角度来看，新中国的第二个 30 年的确是结束于 2008 年的汶川地震。

◆**我：**这就是我为什么特别看重汶川地震的原因。当然了，也曾有人问过我：汶川地震的抗震救灾精神固然伟大，可是与唐山地震的抗震救灾精神又有什么不一样呢？我说，唐山地震的抗震救灾精神当然也很伟大，然而比起汶川特大地震的时候，那个时代有一个缺陷，那就是——穷。唐山地震抗震救灾的时候，有北斗导航卫星吗？有无人机吗？有大型工程机械吗？都没有。有多少人是因为房子抗震能力差而罹难的？又有多少人是因为生死救援无法到达而罹难的？我们无法确知。我们唯一能够确知的是：让人民穷，也是我们的错。

◇**丹尼尔：**所以邓小平先生说过，贫穷不是社会主义。其实我们也很欣赏这句话。

地震后的映秀成了一片废墟

◆**我：**没错。正因为痛定思痛，所以1978年的中国才迎来了一次华丽转身。第二个30年的改革开放和市场经济，让中国人的财富得到了迅速的积累。然而有了钱，我们似乎就忘了本；有了市场经济，我们似乎就忘记了社会主义。就在这个时候，汶川特大地震爆发了。在这场惊天地泣鬼神的大救援和大重建中，我们看到了社会主义带来的伟大力量，也看到了市场经济带来的伟大力量；我们看到了第一个30年给我们留下的宝贵财产，也看到了第二个30年给我们留下的宝贵财产。这是一次站在“私”的市场经济基础上的“公”的社会主义的重新集结。这次集结，不仅在物质，更在人心；不仅在庙堂，更在江湖。这次集结，荡涤了阴霾，温暖了人心，坚定了信仰。那一刻，我们相信了，原来家国情怀从来就没有消失，社会主义从来就没有走远。市场经济的“分”并没有将中国人的心分开，中国依然是一个祸福相依、生死与共的命运共同体。

◇**小安：**没错，中国人的这份信心的确是从汶川地震的时候开始的。

◆**我：**从这个意义上讲，2008年的5·12汶川特大地震为党的十八大正式拉开新时代的序幕奠定了全民族的精神基础，因此堪称新中国第二个30年和第三个30年的精神分水岭。现在，我们正走在第三个30年的头10年。第一个30年，历史的钟摆摆向了“公”的极端；第二个30年，历史的钟摆摆向了“私”的极端；因此毫无疑问，第三个30年，历史钟摆最初的运动方向一定是由“私”向“公”反摆的。然而，不用担

2018 年重建后的映秀新貌

心历史的钟摆会再次摆到“公”的极端。在经过多次的小幅震荡之后，我相信历史的钟摆最终会在“公”与“私”的两端之间找到一个稳健的平衡点。都说“三十年河东，三十年河西”，那么再来 30 年呢？当然是“河中央”了。正所谓“不偏不倚，中庸之道”，一个好社会，理应是“公”与“私”的辩证统一，理应是“每个人的自由发展是一切人的自由发展的条件”。

◇**丹尼尔：**“三十年河东，三十年河西，三十年河中央”。刘教授，您创造了一个新俚语，得为您申报一个著作权才行。

◆**我（笑）：**哪有什么著作权。中国古人没有明说“三十年河中央”，不是因为他们不知道，而是一切尽在不言中。中国的书法妙在飞白，中国的谚语也贵在留白。如果中国古人不知道“正反合”的道理，《道德经》就不会那么说了：“道生一，一生二，二生三，三生万物。”丹尼尔先生，如果您读过《道德经》的这句话，不知道有没有思考过一个有趣的问题：为什么“一”不生万物，“二”也不生万物，一定要“三”才能生万物？而且，为什么没有继续“三生四”或者“四生五”，然后“四生万物”或者“五生万物”？为什么非得是“三生万物”？这就叫作辩证法，这就叫作矛盾的对立统一。所以说，“三十年河东，三十年河西，三十年河中央”的道理，古人早就已经了然于胸，反而是今天的人们倒是有可能“不识历史真面目，只缘身在历史中”，一看到历史钟摆向左摆动，就以为又要摆到左的极端了；一看到历史钟摆向右摆动，就以为又要摆到右的极端了，从而惊慌失措，进退失据。

◇**小安：**刘教授，这个道理好生受用，谢谢啦！

◇**丹尼尔：**倘若真是如此，那么当前中国的许多现象就能够得到合理解释了，我想有些人也就不用那么担心了。借用你们的一句网络流行语来说——你懂的。

◆**我：**经过 3 个 30 年的矛盾对立统一，差不多就是 100 年的时间了。从这个意义上说，“两个一百年”的提法是符合历史规律的。我们完全可以相信，中国共产党成立 100 年的时候，这个党一定会更加成熟；新中国成立 100 年的时候，中华民族的伟大复兴必将成为现实。

◇**李勇：**如此宏大的历史画卷，居然能有汶川的位置，真的是我们的荣幸。当然，这也是每个汶川人都应该认真思考和践行的历史责任。

◆**我：**回到前面的微信对话上来。那天，我在微信里说，这是用最抽象的语言来解释“什么叫作共产主义”。如果让我用最具体的语言再说一遍，那就是——“大道之行也，天下为公，选贤与能，讲信修睦。故人不独亲其亲，不独子其子，使老有所终，壮有所用，幼有所长，鳏寡孤独废疾者皆有所养，男有分，女有归。货恶其弃于地也，不必藏于己；力恶其不出于身也，不必为己。是故谋闭而不兴，盗窃乱贼而不作，故外户而不闭，是谓大同。”

◇**小安：**刘教授，这是《礼记》中的一句话。

◆**我：**是的，小安。这就是古人心目中“天下大同”的理想社会图景。其中最核心的一句话就是——“不独亲其亲，不独子其子”。记住哦，是让你“不独亲其亲，不独子其子”，不是让你“不要亲其亲，不要子其子”。后来，孟子又把这句话演绎了一下，那就是——“老吾老以及人之老，幼吾幼以及人之幼”。你看，“不独”“以及”，都是让你统筹兼顾的意思。所以啊，从“公”与“私”辩证统一的角度来看，《礼记》的这句话和《共产党宣言》的那句话又有什么区别呢？简直没有区别。既然如此，那么我们能不能这样讲：原来啊，最朴素的共产主义理想，并不是十月革命一声炮响才给我们送来的，它是中国古代的先贤们在2000年前乃至5000年前，就已经在自己的思想旗帜上写下的终极理想。如果这句话能够说得通，那么接下来还有一句话，那就是——70年的历史可能被改写，2000年的历史不可能被颠覆。如果共产主义理想仅仅是随着新中国的成立才开始在中国扎根的话，那么无论它有多好，在中国这块土地上的根基都太浅了，好东西可不一定都适合你。然而，如果我告诉你，共产主义理想是中国人 2000 年来乃至 5000 年来一直追求的终极理想的话，那么你一定会相信，这个根是挖不掉的了。所以请记住，马克思主义中国化是一个真命题。或许有一天，我们还可以这样说——这是中国传统的“天下大同”理想的现代化。过去，中国人看到的是一个“小天下”；如今，中国人看到的是一个“大天下”。外延虽然扩大了，内涵依然相通。共产主义理想乃是中国传统的天下大同理想站在人类文明肩膀上的 2.0 版本。

◇**丹尼尔：**共产主义理想是天下大同理想的 2.0 版本。刘教授，这个观点让我十分吃惊。可是，听来听去，您的论证似乎又是对的。

◆**我：**因为这个道理本来就是对的呀。这是用最具体的语言来回答“什么叫作共产主义”。那天，我在微信里还说了：“如果让我用大白话再说一遍，那就是——讲课不要钱，吃饭不花钱，钱包找不着，累并快乐着。”这些年来，无论是在灾区巡讲，还是在藏区巡讲，抑或是在南疆巡讲，我从来都是与对方“约法三章”——吃农家饭，住招待所，不要讲课费。我知道，很多时候对方都是半信半疑：玩真的吗？不过，等见了面，他们马上就相信了：是玩真的。然后，一切就都不一样了：原来嘛，不过是客气的公务接待；现在呢，那是亲人回家了。记得有次我在高原藏区巡讲，就在我从一个县往另一个县赶路的时候，我并不知道，下面那个县的同志们正在认真地开着一个“重要会议”，会议的议题只有一个：刘教授今天晚上住宿的房间，究竟应该铺 2 床被子，还是 3 床被子？最后，会议作出“重要决定”——铺 3 床被子。然后，有人负责去铺床，有人负责去烧水，有人负责把“红景天”和氧气瓶放在床头柜上。深夜抵达的时候，一进房门，我就感受到了：房间很简陋，然而很温暖，因为他们很用心，因为他们在迎接亲人回家。这么多年出门在外，我从来就没有作过“攻略”。什么叫“攻略”？你攻我守，就叫“攻略”。人与人之间相互为狼，自然就要处处提防，生怕一不小心就被别人坑了。然而，这个问题对我来说似乎是不存在的，因为围绕在我身边的都是我的家人，我又有什么好担心的呢？为什么他们对我这么好呢？因为我对他们也很好啊。那些日子里，我只专心做一件事——讲好课。剩下的事情，他们全部搞定。这就叫作——“我为人人，人人为我”。你们说，那些日子我过的，算不算是“短期的共产主义生活”？

◇**小安：**我看算。

◇**丹尼尔：**没错，的确如此。

◆**我：**可是，如今回忆起来，我一生中最幸福的时光，无不源于这些时刻——救灾的、助学的、巡讲的，因为共产主义生活是幸福的。我知道，当下还只能是“短期的共产主义生活”。然而，任何好社会都不可能一蹴而就，一定是聚沙成塔，集腋成裘的——先过一过“短期的共产主义生活”，假以时日，或许我们就可以过上“中期的共产主义生活”；再假以时日，相信总有一天，“长期的共产主义生活”一定会实现。我知道，这个时间一定会很长很长，但是我也相信，这一定会是一个不可逆的进化方向。

◇**丹尼尔：**刘教授，我完全能够理解您所说的那种幸福感。虽然我都快要被您说服了，但是我还是要很冒昧地问一句：这种“共产主义”的幸福感会不会只有像您这样的极少数人体验得到，所以愿意牺牲自己的时间精力去追求？对于芸芸众生来说，他们体验得到吗？愿意去追求吗？如果他们体验不到，不愿意去追求，那么所谓的共产主义会不会终究只是极少数狂热者的一个乌托邦而已？

◆**我：**丹尼尔先生，您说得没错，如果共产主义生活的幸福感只有少数人能够体验得到，那么共产主义就一定是一个狂热者的乌托邦。因为没有全人类社会的共同认知和共同追求，进化是不可能发动的。然而，我要说的恰恰就是：我敢担保，其实我们每个人每天都在过着共产主义生活，都体会过共产主义的幸福感，都愿意追求共产主义的美好未来。

◇**丹尼尔：**此话怎讲？

◆**我：**我举个例子。假设有一天，你下班回家，打开家门，忽然发现客厅的地板上有 100 元钱，你会不会做出以下动作——看看左右无人，赶紧偷偷地把这 100 元钱装进自己的口袋，然后装作若无其事地走开？会吗？当然不会了。在家里没必要那样啊，因为“家”就是共产主义的。没错，你们在自己

家长接送孩子上学造成的交通大堵塞

的家里，有谁是按劳分配的？没有吧？都是按需分配的。而按需分配，不就是共产主义的典型特征吗？所以我说，其实我们每个人每天都在过着共产主义生活而不自知。因为“家”是最幸福的，所以共产主义也是最幸福的。现在问题来了：你的孩子在家里跑来跑去的时候，你是一点都不用担心的；可是，每当你的孩子到马路对面的幼儿园上学的时候，你就很担心。就这么 100 米的距离，你就是放心不下。你会一再地叮嘱孩子：不要上陌生的车；不要跟陌生人说话；放学的时候，一定要等爷爷奶奶去接。看看城市里每个学校门口那黑压压的接送大军吧，这是多大的成本浪费啊。因此，我们自然而然就会想：要是能把这100米也纳入“家”的范围，那该有多好啊，你不用那么担心，社会成本也不必如此浪费。那么，如果把这个“家”的范围扩得更大一点呢？那当然更好了。那么，如果我们把这个社会都变成一个“家”呢？那当然是最好不过了。没错，我要说的就是：正是因为我们每个人都体验过“家”的幸福，所以人类社会才会有一种天然的渴望和冲动，那就是——将一个社会变成一个家，将一个国变成一个家，将一个世界变成一个家。丹尼尔先生，这就是共产主义最基本的进化动力。共产主义是科学的，因为进化是科学的。

◇**小安：**天哪，不管丹尼尔先生信不信，反正我信了。说出来你们不要笑话我啊——开了学，我要郑重考虑写入党申请书的问题了。

◇**李勇（笑）：**小安，你也太逗了。原来你还不是党员啊。

◇**小安：**唉，您懂的。

◇**李勇：**现在入党要求很严格的，你要做好思想准备，不要一时冲动哦。

◆**我：**我支持你，小安。有了初心，更要有恒心，加油吧。丹尼尔先生，我看您一直在沉默，您在想什么呢？

◇**丹尼尔：**我在很认真很认真地咀嚼您刚才说的每一句话。我忽然有了很多的感悟，可又不知道该怎么说。

◆**我：**丹尼尔先生，其实共产主义并没有什么神秘感，说到底就是人们对有爱生活的美好期待与不懈追求。从某种意义上说，这不也正是你们基督教和世界上其他宗教所一直追求和期待的吗？只不过，你们把这种追求和期待落脚在了一个有神的天堂，而共产主义者把这种追求和期待落脚在了一个无神的人间。请允许我说一句反串的大白话吧：你们追求的是一个有神的共产主义社会，我们追求的是一个无神的人间天堂。我们把人类未来的希望寄托在了人类的不断自觉上，你们看上去创造出了一个神来引领人，事实上还是把最终的希望寄托在了人类的不断自觉上的。这就好比老师再好，最终不还得依靠学生的自觉学习吗？这就叫作师傅领进门，修行靠个人。所以，丹尼尔先生，看上去我们的信仰不同，事实上我们之间一直有着某种很强大的共识，这也正是我们今天这场对话能够一直进行到现在的根本原因所在。

7

一个民族的历史越苦难，她的宗教往往就越发达。中国自古以来就是一个以人文情怀为主，宗教信仰为辅的社会；而欧洲自古以来就是一个以宗教信仰为主，以人文情怀为辅的社会。

夜色已深，炉火正旺。求吉卓玛依偎在阿依古丽的怀里，姐妹俩听得很入神。我抬头看了看书院的挂钟，不知不觉已是晚上9点多了。

◆**我：**卓玛，累了吗？要不要和古丽姐姐一起去休息？

◇**求吉卓玛：**不，我一点都不累。今天我学到了好多好多的知识和道理，我还想继续听您讲。

◇**阿依古丽：**我也不累，我也想继续听您讲。

◆**我：**好吧，你们要是累了，就告诉叔叔。丹尼尔先生，小安，咱们还有问题需要探讨吗？

◇**丹尼尔：**不好意思，刘教授，我还有些问题需要请教您。尽管我的基督信仰十分坚定，然而作为一个接受过科学训练的人，我不得不承认，从理性思维的角度来看，您今天的分析是成立的。不过，我还有一些疑惑，希望能够得到您的解答。您刚才说，我们把对有爱生活的追求和期待落脚在了一个有神的天堂，而你们把这种追求和期待落脚在了一个无神的人间。我想问的是，为什么同样是信仰，我们之间会产生这种差别？这种差别究竟是偶然的，还是必然的？

◆**我：**丹尼尔先生，信仰这种东西是“各花入各眼”，只要互相尊重就好，君子和而不同嘛。不过既然您提到了理性思维，也愿意以理性思维与我探讨，那么我们不妨就探讨一下。在我看来，这个差别的产生是有必然性的。中国和欧洲的地缘政治十分不同，如果用一句话来概括，那就是：欧洲是长期分裂的，中国是长期统一的。由于长期分裂，欧洲常年处于战乱之中，从而给欧洲人民带来了深重的苦难。战乱拖累了生产，因此在漫长的农业时代，欧洲的生产力水平十分低下，人们的温饱都成为问题，防疫能力也很差。14 世纪横扫全欧洲的“黑死病”仅用 6 年时间就夺走了 2500 万人的生命，占全欧

链接

欧洲中世纪大瘟疫

1345 年，蒙古军队围攻克里米亚半岛的城市加法，瘟疫突然在大军中蔓延。蒙古军队用抛石机将士兵尸体发射到城内。几天后，瘟疫在加法暴发，这座曾经繁华的商业城市，转瞬间变成了一座人间地狱。当时的人们并不知道这种可怕的瘟疫就是鼠疫，由于患者死后皮肤呈黑紫色，因此称为“黑死病”。从加法出逃的商人登陆墨西拿港不到一个星期，“黑死病”便在整个西西里岛传播开来，接着横扫整个意大利。1348 年，它兵分三路，扫荡了西班牙、希腊、意大利、法国、叙利亚、埃及和巴勒斯坦等地区。1348 年夏天，“黑死病”跨越英吉利海峡，翌年征服整个不列颠。1349 年 5 月，一艘英国商船把“黑死病”带到了斯堪的纳维亚半岛，汉萨商业同盟又将其散布到了欧洲东部的德意志和波兰北部。1352 年，“黑死病”袭击了莫斯科公国，连莫斯科大公和东正教的主教都相继死去。到了 1353 年，欧洲几乎所有角落都被“黑死病”一网打尽。从 1347 年至 1353 年，这场席卷整个欧洲的“黑死病”，夺走了 2500 万欧洲人的性命，占当时欧洲总人口的 1/3。

的 1/3。白发人送黑发人因此成为中世纪欧洲的人生常态。在长期的苦难面前，欧洲人无法求助于现世，只能求助于来生；无法求助于人间，只能求助于天堂，从而孕育出了强大的犹太教和基督教信仰，进而又衍生出了东正教、新教和伊斯兰教信仰，一直影响至今。马克思在《黑格尔法哲学批判》中说："宗教里的苦难既是现实的苦难的表现，又是对这种现实的苦难的抗议。宗教是被压迫生灵的叹息，是无情世界的情感，正像它是无精神活力的制度的精神一样。宗教是人民的鸦片。"从历史唯物主义的角度来看，这句话是完全正确的。宗教的确是与苦难"成正比"的——一个民族的历史越苦难，她的宗教往往就越发达；一个民族的宗教越发达，她的历史往往就越苦难。

◇**小安：**马克思的这句话看来是很有道理的。

◆**我：**然而，与欧洲的情况截然相反的是，中国历史上是一个长期统一的国家，而且是属于那种缺乏对等竞争对手的"长期统一"。换句话说，中国本身就是一个完整自足的小世界，古人称之为"天下"。公元前 221 年，大一统体制的建立使得中华文明在农耕时代一骑绝尘，遥遥领先，也给中国带来了 2000 年的和平与稳定。尽管每次"历史周期率"发动的那段时间里，中国也会陷入分裂与战乱，然而实事求是地说，相比起欧洲中世纪长年的分裂与战乱，古代中国人真的不知道要幸运到哪里去了。正是因为和平与稳定成为中国历史的主流，才使得中国人基本上可以将自己的希望寄托在人世间的"家国”，基本上可以做到儿孙绕膝、代代相传，人文性质的儒家因此在与其他思潮包括宗教的竞争中最终胜出，“家国情怀”因此得以酝酿成型，并最终占据了中国人信仰体系中的主导地位。这就是为什么同样是信仰，中国人求助于人文，而西方人求助于宗教的根本原因所在。

◇**小安：**刘教授，我很同意您的观点。不过前面的时候，我心里就有个小问题，现在刚好请教您：如果说中国人的信仰是家国情怀，那么为什么中国人还有佛教和道教？还有，难道西方人就没有家国情怀吗？难道西方人不爱自己的孩子，不爱自己的国家？

◆**我：**好问题，小安，这就叫作辩证唯物主义。俗话说得好，凡是规律必有例外。其实，只有经得起例外挑战的规律才是真规律。这就好比爱人之间只有经得起吵架和冲突，那份感情才算得上是真感情。所以，例外不是消灭规律的，例外是印证规律的。虽然中国人的信仰主体上是“家国情怀”，但这并不意味着宗教在中国的历史上毫无地位。相反，由于“历史周期率”的规律性发动，中国历史上并不缺乏分裂与战乱的时候。那个时候的中国人，家国破碎，命运悲惨，再也没有办法将希望寄托于“家国”，而只能借助于超世的宗教来慰藉痛苦的心灵。在和平稳定的历史时期一直发展得不太充分的宗教因而在分裂战乱时期得以迅速扩张。小安，你知道不知道中国的佛教在哪个历史时期最为发达呢？

◇**小安：**好像是南北朝吧。唐代诗人杜牧不是有一首诗

建成于北魏太和十五年（公元 491 年）的悬空寺，位于山西大同市浑源县恒山，是中国现存最早的佛、道、儒“三教合一”的独特寺庙

吗——“千里莺啼绿映红，水村山郭酒旗风。南朝四百八十寺，多少楼台烟雨中。”

◆**我：**没错，南北朝。国家分裂战乱，必然民不聊生。于是，家国情怀褪色，宗教信仰抬头。杜牧说“南朝四百八十寺”，不过是为了写诗押韵，其实南北朝何止“四百八十寺”。有人考证过，梁朝有 2846 座寺院，仅仅南京就有 700 多座。至于北朝那边，那可就更多了。寺院占据了大量的土地和财产，成了当时的大地主。而老百姓入了沙门，便可免除徭役和租税，从而导致僧尼数量急剧增加。这一切都严重地威胁到了世俗政权的存在。因此，一旦国家重新统一，社会和平稳定，宗教赖以生存的土壤就会被大大削弱，儒家必然再次占据主导地位。接下来，遏制宗教的影响力乃至“灭佛”，也就成为历史的必然。几番较量下来，宗教逐渐明白，在中国这样的一个国度里，自己是没有办法占据中国人精神世界的主流地位的。于是，经过历史上著名的“三武一宗灭佛”之后，佛教终于自觉地退至候补地位，将中国的主流意识形态阵地让给了儒家，让给了“家国情怀”。从而形成了以儒家为主，佛教和道教为辅的“儒、释、道”三合一的基本格局。

◇**小安：**原来如此，看来历史上的佛教也不是没有扩张冲动的，最后没能占据中国人精神世界的主流地位，非不为也，实不能也。

◆**我：**我在 2008 年写作《文明与法治》的时候，就曾经把儒家的家国情怀称为中国人日常居住的“精神大宅院”，而把佛教称为中国人的“精神后院”，把道家称为中国人的“精神后山”。补足儒家的，首先是本土的道家，但凡在那大宅院里受了委屈生了闷气，觉得郁郁不得志的中国人，随时都可以到这座精神后山上走一走，散散心。于是，就有了陶渊明的“问君何能尔，心远地只偏；采菊东篱下，悠然见南山”；有了李白的“抽刀断水水更流，举杯销愁愁更愁。人生在世不称意，明朝散发弄扁舟”。然而，“精神后山”毕竟是没有屋顶墙壁的。它的精神世界是如此的辽远深阔，容得你在其中纵横驰奔，但同时又的确是漏风漏雨，无可遮蔽的。因此，“精神后山”只一般地适于那些精神自持力比较强健的士大夫们，而不见得能够普遍适合于全体的中国人。因此，中国人最终还是没有彻底撇开宗教。公元前后，佛教东渡而来，加入中国人的精神世界。从此以后，失意的中国人除了在精神上和行动上的“出世”之外，又多了一种选择，那便是精神上和行动上的“出家”。当然，我们前面说了，佛教也不是从一开始就如此定位自己的，它也曾与儒家多次展开较量，试图争夺对这个社会的主导权。不过，几番较量磨合下来，二者的相互关系基本确立，儒家的主导地位无可动摇，佛教则自觉退居候补地位。从此以后，一座“精神大宅院”，配上一座晨钟暮鼓的“精神后院”和一座云深不知处的“精神后山”，就这样随意而精巧，并立而融会地构造出了中国人的精神世界。

◇**小安：**一座精神“大宅院”，一座晨钟暮鼓的“精神后院”，一座云深不知处的“精神后山”。这个比喻好形象。不过，刘教授，您还没有回答我的第二个问题：难道西方人没有家国情怀吗？

◆**我：**同理可证，虽然欧洲人的信仰主体是宗教，但这也并不意味着“家国”在欧洲人的心中就毫无地位。事实上，对孩子的眷恋，对国家和民族的热爱，乃是人类的共同情感。只不过由于长期受到分裂战乱的威胁，欧洲不可能把希望过多地寄托于现世的“家国”，因此让超世的宗教逐渐主导了自己的精神世界。我们都知道，中国人到寺庙烧香拜佛，一定先为孩子祈求幸福，不可能先为自己祈求幸福。然而，丹尼尔先生最清楚不过了，西方人到教堂做告解，一定是请求上帝宽恕自己的罪，不可能请求上帝宽恕孩子的罪。这说明什么？说明同样是爱孩子，中国人事实上已经将孩子置于自己的生命之上了。在孩子的身上，中国人寄托的不仅是人文的情怀，更是超越的梦想。当然了，世事无绝对，一切都在变。在今天欧洲的许多地区，尤其是北欧地区，由于长时间的富足稳定，家庭观念开始上升，宗教情绪则开始淡薄。而在今天中国的一些地区，尤其是农村地区，由于传统社会结构遭到城市化运动的破坏，宗教对一些空巢老人和留守妇女的渗透已经悄然开始。虽然这些都还只是一种苗头，但是宗教与人文在不同环境条件下的此消彼长，由此可见一斑。当然了，倘若放在大尺度的历史长河中，我们还是可以有把握地说，中国自古以来就是一个以人文情怀为主，宗教信仰为辅的社会；而欧洲自古以来就是一

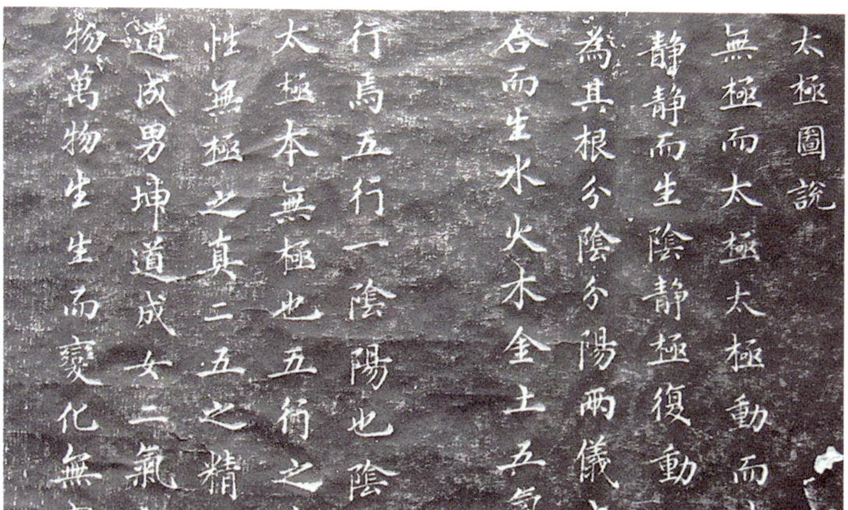

（宋）赵孟頫小楷书周敦颐《太极图说》长文

个以宗教信仰为主，以人文情怀为辅的社会。说得通俗点，就是——中国社会是七分人文，三分宗教；西方社会是七分宗教，三分人文。其实无论在哪个社会，人文与宗教都是你中有我，我中有你，这就好比中国的太极——阴阳相反相成，然而最妙的是：阴中有阳，阳中有阴，太阴之中有少阳，太阳之中有少阴。

◇**丹尼尔：**太阴之中有少阳，太阳之中有少阴。中国太极的智慧真是令人着迷，这些年来我一直都在用心学习和领悟这种智慧。

◆**我：**从另外一个角度来说，对于中国这样的一个多样性极其复杂的“天下国家”来说，选择人文情怀而不是宗教信仰作为自己的主流意识形态，也是历史的必然。我举个例子吧。10多年前，我受某市民族宗教事务管理部门的邀请，为全市五大宗教的教职人员做一场讲座。到了会场一看，五大宗教的教职人员坐得整整齐齐的，会场气氛有点严肃。为了活跃一下气氛，我就开了个玩笑。我说：“哎呀，真是不好意思，你们都是有宗教信仰的，我是个无神论的共产党员，给你们讲课好像不太合适吧？”大家都笑了起来：“没关系，没关系，您讲吧。”趁大家放松下来，我赶紧说了第二句话：“其实啊，正是因为在座各位都有宗教信仰，所以应该接受无神论的共产党领导。”全场一下子就愣住了，都不知道我这葫芦里究竟要卖什么药。趁大家还没缓过神来，我赶紧说了第三句话：“如果在座各位的任何一个宗教成为中国国教的话，我相信，其他四个

链接

圣巴托洛缪之夜大屠杀

16世纪，基督新教加尔文派在法国广泛传播，形成了胡格诺派。部分地方贵族加入了胡格诺派，与掌握王权的天主教派产生了激烈斗争。为了缓和局势，法国国王把天主教派公主嫁给了胡格诺派首领亨利，在巴黎举行盛大婚礼，胡格诺派的重量级人物都前来参加婚礼。然而，天主教的顽固派美第奇太后早已暗中部署。1572年8月24日凌晨，巴黎的钟声敲响，对胡格诺教徒的血腥大屠杀开始了。数万名天主教徒与警察士兵根据事先画在胡格诺教徒居所门前的白十字记号，闯进屋里尽行杀戮。一夜之间，2000多名新教徒化为冤魂。整个巴黎血海滔滔，塞纳河中也漂满了尸体，以至于很长一段时间没有人敢吃河里的鱼。这一天是法国的圣巴托洛缪节，因此这个事件又被称为圣巴托洛缪之夜大屠杀。大屠杀让天主教徒欣喜若狂，教皇格列高利十三世下令敲响罗马所有的钟以示庆祝，并为此铸造了一个纪念币，还绘制了一幅壁画来纪念这次大屠杀。此后，法国的许多其他城镇也发生了屠杀胡格诺教徒的事件，共有7万余人遇害。

宗教的日子恐怕就不太好过了。”全场一下子安静了下来，过了一会儿，有人开始点头，接着很多人开始点头。是啊，不要说哪个宗教成为中国的国教，就说这堂课该请谁来讲呢？是请一位神父来讲《圣经》，还是请一位方丈来讲《金刚经》？都不合适，只能请我这个共产党员来讲人文，讲社会。所以请记住，宗教的最大公约数并不是宗教，而是人文——不管你信什么神，你总归是人吧？那么我讲人伦，讲道德，总归大家都能接受吧？这就是为什么秦汉的大一统体制刚刚奠定，中国人就选择了“敬鬼神而远之”的儒家作为整个国家的主流意识形态的原因；这也就是为什么新中国成立之后，中国人依然会选择无神论的马克思主义作为整个国家的主流意识形态的原因。宗教在人与人之间设立了藩篱，如果直接去撞击它，会遭到猛烈反弹的。然而，如果你是水，甚至是空气，看上去柔弱无形，却能够弥漫而过。这就是“无”胜过“有”的道理——“以无有入无间”“以天下之至柔，驰骋于天下之至坚”。“无”和“有”之间，有两种基本的相处之道：一种是“无”消灭“有”——我不信神，我就不许你信神，否则你就是迷信。中国历史上的灭佛运动，“文化大革命”时期的“破四旧”，就是“无”消灭“有”的逻辑在发挥作用。不过，从整个历史长河来看，“无”消灭“有”并不常见，不是中国历史的主流。

1204 年，第四次十字军东征，攻陷并洗劫了基督教拜占庭首都君士坦丁堡

中国历史的主流是“无”包容“有”——既然我不信神，那么我就没有什么神会比你的神更高了，也就没有什么神可以强迫你来信了，你就信自己的神好了。当然了，得有个条件——尊重世俗，尊重社会，尊重生命。丹尼尔先生，这些话说起来似乎轻描淡写，事实上真的有千钧之重。要知道，残酷的宗教战争几乎贯穿了欧洲的整个中世纪乃至整部历史——8 次十字军东征、德意志三十年战争、圣巴托洛缪大屠杀……哪一次不是血雨腥风，白骨累累？然而，与欧洲完全相反的是，几千年的中国历史却几乎没有发生过一次真正意义的宗教战争，背后的原因，岂不令人深思？

8

每个中国人的世界里，都有着 4 个同心圆的命运共同体，由内而外，依次扩展——修身，齐家，治国，平天下。共产主义是家国情怀的自然进化和必然延伸，它们之间是连续而又统一的关系。

李勇正在为大家倒茶，忽然间手机响了，李勇起身接了电话，过了一会儿，又回到火炉边坐下。

◇**李勇：**刘哥，是张书记的电话。听说您来了，他明天上午一定要过来看您，还要陪您和孩子们一起去参观刚刚落成的映秀家国情怀广场。为了这个家国情怀广场，您也是费了不少的心血，现在肯定也很期待看到理念变为现实的模样吧？

◇**丹尼尔：**哦，昨天就有人跟我说，映秀刚刚在漩口中学地震遗址旁搞了一个广场，我也没怎么放在心上，原来就是家

映秀家国情怀广场

国情怀广场啊。要不是今晚听刘教授给我们讲家国情怀，还真的没有联系起来。

◆**我：**那就邀请丹尼尔先生和小安明天上午一起去参观吧。我也只是提供了一些思路和文案，具体工作都是汶川的辛劳，我也很期待看到广场建成后的模样。

◇**丹尼尔：**谢谢您的邀请，我一定赴约。不过，今晚机缘难得，我还有些问题想要请教您。

◆**我：**丹尼尔先生请讲。

◇**丹尼尔：**刘教授，您认为中国人的信仰是家国情怀，接着您又说您信仰共产主义。现在我想问您的是，这两者之间有什么关系吗？您是一名中国人，又是一名共产党员，那么您的信仰究竟是家国情怀，还是共产主义？

◆**我：**嗯，要想回答这个问题，就要先剖析一个概念，那就是——命运共同体。现在命运共同体的概念开始变得很流行，然而其基本内涵究竟是什么，很多人并不清楚。有人说，命运共同体应该是一个无差别的社会，其实不然。柏拉图在《理想国》中说："当一个国家最最像一个人的时候，它是管理得最好的国家。"现代系统科学也认为，世界上最高级、最完美的系统是人的生命系统，其他系统，包括社会系统在内，都在朝着人的生命系统的方向进化。人的生命系统既是命运共同体进化的最终目标，又是命运共同体比拟的逻辑起点。因此，理解了人的生命系统，我们自然也就理解了命运共同体的科学内涵。在我看来，命运共同体有两个相反相成的基本内涵：一是有差别，有层次；二是命运与共。一个人的生命系统就完全具备了这两个基本内涵：手和脚之间有差别吧？大脑和身体之间有层次吧？那当然。可是，身体要是受了伤，大脑还不比谁都着急？没错，因为它们又是命运与共的。

◇**丹尼尔：**有差别，有层次，却又命运与共。

◆**我：**在每一个中国人的世界里，都有着 4 个同心圆的命运共同体，由内而外，依次扩展——最内圈的命运共同体就是“生命”；第二圈的命运共同体叫作“家庭”；第三圈的命运共同体叫作“国家”；最外圈的命运共同体叫作“天下”。首先，最内圈的生命就不用说了，有差别有层次，却又命运与共，典型的命运共同体。其次，比生命更大的命运共同体是家庭。父母之间有差别，父母与子女之间有层次。可是，孩子要是受了伤，父母还不比谁都着急？因此，家庭无疑也是一个真正的命运共同体。再次，比家庭更大的命运共同体是国家。尽管一个国家内部的差别化与层次性也是毋庸置疑的，然而前面的探讨已经让我们确信，这个举世无匹的天下国家之所以能够穿越数千年历史风雨，不仅成为四大文明古国中唯一传承至今的文明，而且渡尽劫波，愈战愈勇，至今仍然以强者的姿态屹立于世界民族之林。这个奇迹只能证明，这个国家的全体人民一定是命运与共的一家人。“家”与“国”，合称“家国”。家国情怀就是对“生命”的超越，就是中国人的信仰。

◇**丹尼尔：**原来家国情怀还可以用这种方法分析啊。

◆**我：**然而，不要忘了，在“家国”之上，还有一个更大

珍爱美丽地球家园

的命运共同体，那就是这个美丽而又脆弱的蓝色星球，全人类唯一的共同家园——地球。用一个中国化的词汇来表达，那就是——天下。倘若我们能够跳出眼前一叶障目的喧嚣，站在广袤的宇宙静静地俯瞰这个孤独的星球，你一定会深信，我们的确是命运与共的一家人。从生命，到家庭，到国家，到天下，4 个同心圆的命运共同体由内而外，层层递进，渐次超越。这让我们想到了什么？没错，就是《礼记・大学》里的那句脍炙人口的名言："古之欲明明德于天下者，先治其国；欲治其国者，先齐其家；欲齐其家者，先修其身。"中国古人把这几句话简化成了几个词。小安，你来告诉丹尼尔先生吧。

◇**小安：**丹尼尔先生，这就是中国人常说的"修身，齐家，治国，平天下"。

◇**丹尼尔：**嗯嗯，这句话我在学习中文的时候也学过的，中国的语言真的好精练。

◆**我：**没错。“修身，齐家，治国，平天下”，你们发现了吗，这4个词与我们讲的4个同心圆的命运共同体何其一致。有时候我真的很感叹，古人简直把天下的话全都说完了，我们只是变换着花样再翻译一遍而已。当然了，时代不同，变化也还是有的。几千年过去了，中国人的家国情怀依旧不改本色，然而“小天下”已然变成了“大天下”，“天下大同”的理想也升级成了“共产主义”理想。过去，最先进的儒家知识分子胸怀“平天下”的理想；如今，最先进的共产党人胸怀共产主

链接

方志敏与《可爱的中国》

方志敏，闽浙（皖）赣革命根据地和红十军团的缔造者。1934年，由方志敏、粟裕率领的红军北上抗日先遣队，遭到国民党部队“追剿”。方志敏被俘后，严词拒绝了国民党的劝降，1935年8月6日被秘密杀害于江西省南昌市下沙窝，时年36岁。在生命的最后日子里，方志敏每天工作16个小时，留下了13万字左右的文稿。在遗著《可爱的中国》中，方志敏写道：“我虽然不能实际的为中国奋斗，为中国民族奋斗，但我的心总是日夜祷祝着中国民族在帝国主义羁绊之下解放出来之早日成功！假如我还能生存，那我生存一天就要为中国呼喊一天；假如我不能生存——死了，我流血的地方，或者我瘗骨的地方，或许会长出一朵可爱的花来，这朵花你们就看作是我的精诚的寄托吧！在微风的吹拂中，如果那朵花是上下点头，那就可视为我对于为中国民族解放奋斗的爱国志士们在致以热诚的敬礼；如果那朵花是左右摇摆，那就可视为我在提劲儿唱着革命之歌，鼓励战士们前进啦！”

义的伟大理想，二者依然是一脉相承的。丹尼尔先生，说了半天，现在正面回答您的问题：在我看来，中国共产党人首先是一个人，他的心中必定有着生命的本真；中国共产党人又是一个中国人，他的心中必定有着深切的家国情怀；中国共产党人又不是一个普通的中国人，他的心中还有着“平天下”的共产主义远大理想。所以，丹尼尔先生，共产主义信仰不是无源之水，无本之木，它深深地植根于生命的逻辑之中，也深深地植根于中国的国情之上。共产主义不是天上掉下来的信仰，它是家国情怀的自然进化和必然延伸，它们之间是连续而又统一的关系。

◇**丹尼尔：**也就是说，家国情怀和共产主义都是您的信仰，它们之间是连续而又统一的。说得再精练一点，就是你们古人的那句话——“修身，齐家，治国，平天下”，对不对？

◆**我：**没错，的确可以这么说。家国情怀的载体是中华优秀传统文化，共产主义的载体是马克思主义。因此，家国情怀和共产主义的关系，事实上也就是中华优秀传统文化与马克思主义之间的关系。马克思主义来到中国已经整整 100 年了，成为中国的主流意识形态也有整整 70 年时间了。这颗舶来的种子究竟能否与中国这块土壤相互适配，一直是一个众说纷纭的话题。按理说，70 年的时间并不算短，取得的成就也不可谓不大，然而放在 5000 年的中国历史长河里，这 70 年依然不过惊鸿一瞥而已。因此，这 70 年究竟是历史的必然，还是历史的偶然，甚至是历史的错误呢？从概率上来说，都是有可能的。所以，在我看来，今天的中国共产党人如果只懂得讲 70 年的故事是远远不够的，毕竟苏联 74 年垮塌的前车之辙就在眼前，仅凭新中国 70 年的成功实践，是不足以平复争议的。

◇**丹尼尔：**您十分坦率，刘教授。那么，您是怎么看待这个问题的呢？

◆**我：**打开问题之锁的钥匙有两把，一把叫作实践，另一把叫作理论。两把钥匙相辅相成，一把都不能少。不过，不同的历史时期，需要使用不同的钥匙。新中国已经完整走过了两个 30 年的实践探索，第三个 30 年，我们不能继续停留在“摸着石头过河”的实践层次，而应该建构起奠基于实践基础之上的理论。几十年的实践显然不具备穿越和勾连几千年历史的能力，然而理论可以。这就是理论的威力，千万不可小觑。所以，马克思在《黑格尔法哲学批判》导言中说：“理论只要说服人，就能掌握群众；而理论只要彻底，就能说服人。”

◇**李勇：**难怪习近平总书记在纪念改革开放 40 周年大会上的讲话中，多次强调要推进实践基础上的理论创新，要坚持“摸着石头过河”与顶层设计相结合。看来中国真的到了总结理论的时候了。

◆**我：**没错，新时代，一定是理论自信的时代。理论是道路的灯塔，没有真正的理论自信，就不可能有真正的道路自信，自然也就不可能有制度自信和文化自信了。回到刚才的问题上来，关于马克思主义与中国优秀传统文化之间的适配性问题，我们大致上可以从 3 个理论维度来分析。

◇**丹尼尔：**哪 3 个理论维度？

◆**我：**第一个维度是世界观。我们都知道，马克思主义的世界观是辩证唯物主义和历史唯物主义。既然是唯物主义，那自然就是无神论。与此相反的是，西方社会的宗教传统十分浓厚，很显然是一种唯心主义的世界观。因此马克思主义在西方社会诞生的时候，也被称为异端。然而，出乎人们意料的是，马克思主义到了中国之后，反而找到了适合自己的世界观土壤，原因很简单：中国的主流意识形态儒家自古以来就是“敬鬼神而远之”的，虽然没有那么彻底，不过大致上也称得上是

链接

儒家的“修齐治平”与先秦诸子的家国情怀

《大学》：古之欲明明德于天下者，先治其国；欲治其国者，先齐其家；欲齐其家者，先修其身；欲修其身者，先正其心；欲正其心者，先诚其意；欲诚其意者，先致其知，致知在格物。物格而后知至，知至而后意诚，意诚而后心正，心正而后身修，身修而后家齐，家齐而后国治，国治而后天下平。

《礼记》：苟利国家，不求富贵。

《孟子》：老吾老以及人之老，幼吾幼以及人之幼。

《孟子》：天下之本在国，国之本在家，家之本在身。

《孟子》：穷则独善其身，达则兼济天下。

《左传》：临患不忘国，忠也。

《管子》：以家为家，以乡为乡，以国为国，以天下为天下。

《墨子》：天下兼相爱则治，交相恶则乱。

《墨子》：夫爱人者，人必从而爱之；利人者，人必从而利之；恶人者，人必从而恶之；害人者，人必从而害之。

一种无神论了。尤其是考虑到儒家思想是在 2500 多年前诞生的，那就更了不起了——当时人类的生产力水平多低啊。

◇**小安：**没错，儒家的确不太讲鬼神。《论语》说："子不语怪力乱神。"《论语》还说："季路问事鬼神，子曰：未能事人，焉能事鬼。"

◆**我：**第二个维度是方法论。马克思主义哲学的方法论是辩证法，而西方哲学的方法论多数都是形而上学。世界观必然搭配方法论，西方社会既然认为存在上帝，就自然会把一切事物的源头绝对地归因于上帝，因此产生形而上学的方法论也就不奇怪了。那么，中国哲学的方法论呢？儒家说："不偏不倚，中庸之道。"佛家说："色即是空，空即是色。"道家说："一阴一阳之谓道。"影响中国至深的儒、释、道三家，方法论全是辩证法的，说一句"中国哲学的方法论是辩证法的"，应该不算过分吧。方法论问题至关重要，我宁可选择与世界观不同的人探讨问题，也不选择与方法论不同的人探讨问题，实在是太辛苦了。

◇**小安：**西方哲学的形而上学那可真不是盖的。大三的时候为了赶时髦，去读康德的三大批判，差点没把我读崩溃掉。我就想不明白了，西方人为什么那么推崇康德啊？转身再去看《道德经》和《论语》，那可真是字字珠玑，开卷有益。当时我就在想，中西哲学的差别咋就这么大啊？今天听您这么一说，我有点明白了，十有八九是因为中西的思维方式不太一样。这就好比要到达同一个目的地，中国人习惯于坐车，西方人习惯于坐船，结果中国人去搭西方人的船，晕船了，不习惯。

◇**李勇：**小安这个比喻精彩，点赞。

◆**我：**第三个维度是价值观。众所周知，西方社会的价值观是以“分”为本位，以个体为本位的；中国社会的价值观是以“合”为本位，以集体为本位的。这是欧洲长期分裂和中国长期统一这两种不同的地缘政治常态对各自社会生活方式的投射，是具有历史必然性的。那么马克思主义呢？毫无疑问，也是以“合”为本位，以集体为本位的。尽管“分”与“合”这两种价值观可谓各有优势，最终也应该实现辩证统一，然而在相当长的历史时期里，这两种不同的价值倾向依然是不同社会“物以类聚，人以群分”的重要标准。

◇**李勇：**那可不是，今年央视春节联欢晚会的万人团体操《少林魂》那气势可把很多外国人给镇住了。昨天我看到一条报道，有个外国母亲说：“他们的纪律性简直了，我希望我儿子要是有他们的1%就满足了。”哈哈，这个外国母亲实在太逗了。

◇**丹尼尔：**求求你们，别提那个《少林魂》了。除夕那天可真是把我看得目瞪口呆，现在还没有缓过神来呢。当时我就在想，这种不可思议的集体主义奇迹，的确只有中国才有可能创造得出来。

◆**我：**中西社会不同的价值观倾向，我们甚至可以从颜色偏好的角度观察到。我举个例子。小安，你知道中国军队军事演习的时候，把自己的军队称作什么？把假想敌称作什么？

◇**小安：**这个可难不倒我这个军事迷，我们把自己的军队称作“红军”，把假想敌称作“蓝军”。

◆**我：**那么，丹尼尔先生，您知道西方军队军事演习的时候，把自己的军队称作什么？把假想敌称作什么？

◇**丹尼尔：**西方军队刚好是反过来的。我们把自己的军队称作“蓝军”，把假想敌称作“红军”。

◆**我：**那你们有没有想过，为什么会刚好相反呢？

◇**小安：**哎呀，我还真的没有想过这个问题。

◇**丹尼尔：**我也没有想过这个问题。不过听您这么一说，我想应该不是巧合的吧？

◆**我：**当然不是巧合的。心理学家认为，颜色偏好与心情有关，而心情与生活方式有关。红色是一种暖色调，是一种“合众之色”——人多，自然就感觉红红火火，热热闹闹的；蓝色是一种冷色调，是一种“分离之色”——所以英文单词 blue 不仅可以翻译成蓝色，还可以翻译成忧郁，悲伤。其实，这也是中西文明“合”与“分”的不同价值取向在审美感受上的一种综合投射。不是巧合，是有其必然性的。

◇**小安：**哇，原来颜色偏好的背后也有这么多道道啊！

◆**我：**很多年前，有位朋友曾经和我探讨过这个问题。他说：“刘教授，蓝色和红色的区别真的那么重要吗？您这个理论是不是有点虚啊？”我说：“好吧，今年过年的时候，如果您能够办成一件事，我就推翻这个理论，以后也永远不讲了。”

他说："什么事？"我说："不难办，今年过年的时候，您在自家门口贴上一对蓝色的春联，就可以了。"他一听，就笑了起来："那可不行，我父亲80多岁了，心脏不太好。"是啊，有谁会过年贴蓝春联啊？一个也没有，给钱也不贴。可是，有哪条法律规定不可以呢？没有任何法律规定。那为什么不来创新一把呢？疯子才去创这种"新"。现在，还有谁小看这个颜色偏好的？

◇李勇（笑）：我们过年贴红春联的时候，真是连想都没有想过，为什么会是红的，而不是蓝的。现在仔细想想，还真是这么回事。

◆我：《庄子·知北游》记载：东郭子问于庄子曰："所谓道，恶乎在？"庄子曰："无所不在。"道真是无所不在的，道在熟视无睹之下，道在自然而然之中。

◇小安：道在熟视无睹之下，道在自然而然之中。

◆我：西方是"蓝军"，中国是"红军"，那么马克思主义呢？还用说吗？当然是"红军"了。从苏联开始，就是"红军"；到了中国，还是"红军"。同样的集体主义，同样的红色偏好，这还不能说明问题吗？

◇丹尼尔：Oh，My God！

◇小安（笑）：丹尼尔先生又说英文了。

◆我：这就是完整的3个理论维度——世界观、方法论、价值观。在我的理解中，马克思主义应该是对西方文明走向极端之后的一次革命性的反动。在那个距离我们并不遥远的时

长征到达陕北的中国工农红军

代，西方文明用物化的辉煌和人性的丑恶同时书写了一段充斥着对立与撕裂的历史。正是在这样的时代背景下，马克思主义怀着人类的良知和满腔的怒火诞生了。它诞生于西方文明的母体，却以西方文明的批判者的面目出现。正因如此，马克思主义在许多方面都表现出了与西方文明截然相反，却又暗合于东方文明的特质。倘若要我用一句话来表达自己对这个世界的全部认知，我也许会推荐这句话——人生不过生与死，社会不过分与合。对于一个人来说，也许只有看懂了生与死，才算是看懂了人生；对于一个社会来说，也许只有平衡了分与合，才算是一个好社会。西方文明以“分”为本位，中华文明以“合”为本位，二者理应相互学习，辩证统一，任何走向极端的行为都必将受到历史的惩罚。马克思主义诞生于西方文明的母体，却是西方文明走到了“分”的极端之后的一次革命性的反动，因此具备了“合”的内在特质。从这个意义上说，马克思主义来到中国，的确具有十分深刻的历史必然性。马克思主义的中国化是个真命题，这 70 年不是历史的偶然，而是历史必然的新起点。对此，我深信不疑。

9

共产主义是我们的信仰，社会主义是我们的生活。没有崇高信仰的指引，我们终究无法建设美好的生活；没有美好生活的托举，我们终究无法保持崇高的信仰。

远处的鞭炮声渐渐地稀了，窗外的夜空终于安静了下来。李勇从“茶祥子”茶坊拎来了最后一壶茶。

◇**李勇：**今天大家谈兴甚浓，不过时间真的不算早了。我提议，这是今天晚上咱们的最后一壶茶。这壶茶喝完，我们就休息。怎么样？

◆**我：**好的。我同意。丹尼尔先生，小安，最后一壶茶的时间，我们还有什么要聊的吗？

◇**小安：**时间宝贵，我还有问题。刘教授，恕我直言，现在有很多人是说的一套，做的另一套；台上一套，台下另一套；说起信仰是一套，搞起腐败是另一套。您别嫌我激进啊，您看这些年抓的那么多贪官，哪一个不是台上台下两面人？这种人混在共产党的队伍里，真的严重影响到了老百姓对共产党的信任。这个问题该怎么解决啊？

◆**我：**小安，这不是激进，这是事实。对于这些害群之马，我和你一样痛恨。要想解决这个问题，当然还是需要从法律和道德两个维度同时发力。我是学法律的，这十几年来的主业，就是研究中国的民主法治之路。在我看来，跟那些信仰沦丧、无可救药的人谈信仰，岂止是对牛弹琴，简直是与虎谋皮。对于这种人，唯有用民主法治的手段予以制裁和淘汰，别无他法。当然，有句话我一定要说清楚：中国需要民主法治，但绝不是当年“民运分子”所鼓吹的“全盘西化”。关于这个问题，我在《文明与法治》和《精英与平民》中已经进行了比较系统的阐述，如果今晚想要讲透，那这一壶茶的工夫可就远远不够了。所以，剩下的这点时间，我还是从信仰与生活的关系角度来探讨小安刚才提出的问题吧。

◇**小安：** 嗯嗯，刘教授，您讲吧。

◆**我：** 在我看来，如果一个社会普遍出现了“说的一套，做的一套”的现象，那说明这个社会的信仰与生活之间已经出现了严重断裂。信仰与生活是有机统一的，如果两者断裂，那么就很容易走向极端：一种极端是只有生活，没有信仰。有人说：“你不要跟我讲什么高大上的，我就这几十年好活，该吃吃，该喝喝，死了什么都没了。”这就叫作没有信仰的生活，这种生活特别容易让人滑入物欲横流的泥沼；另一种极端是只有信仰，没有生活。也许有人会问：“只要信仰，不要生活，那不是更高大上吗？当年革命先烈不就是为了信仰而牺牲自己的吗？”其实不

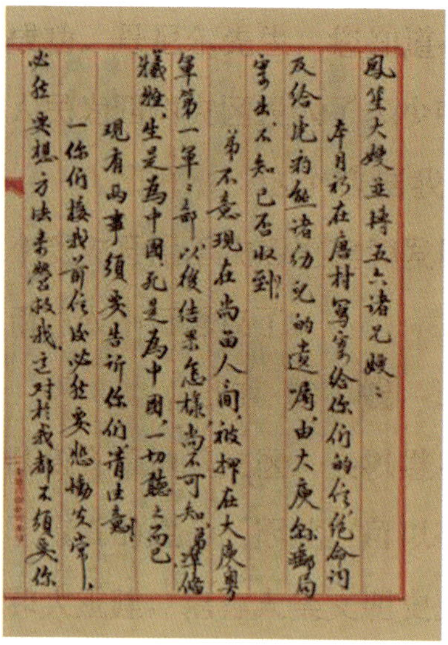

革命烈士刘伯坚写给其亲属的遗书

然，在革命战争年代或者特定危难关头，英雄之所以勇于面对牺牲，不是因为他们不要生活或者憎恶生活，而是生活的真相便是如此。日本鬼子已经闯到你家里了，你该怎么办？于是，为了让孩子们能够拥有美好的生活，整整一代有信仰的中国人做出了自己的牺牲。而他们牺牲的目的，不就是为了换来一个好社会，让我们今天的生活更美好吗？所以啊，革命先烈怎么会憎恶生活呢？而且，我们不是说了吗——“要代表最广大人民群众的根本利益”。你看，共产党人从来就不讳谈利益的，只不过是要把全体人民的利益放在心上，“先天之忧而忧，后天下之乐而乐”罢了。

◇**小安：**“先天下之忧而忧，后天下之乐而乐”，古人真的又把话都说完了。

◆**我：**因此，对于共产党人来说，最关键的问题，根本就不是“要不要舍弃利益，该不该幸福生活”，最关键的问题是——立场。换句话说，你究竟把多少人装到自己的心里了？你究竟愿意为了多少人的根本利益和幸福生活而奋斗？都说人是自私的，可是再自私的人为了自己的孩子，还不是吃尽苦头也是甜？原因很简单，因为他把自己的孩子装到自己的心里了。这就叫作立场。所以，考验共产党人的，不是要不要“干掉”自己的生活，而是你究竟有没有把国家和人民装进自己的心里。从这个意义上说，信仰与生活真的一点都不矛盾。

◇**李勇：**我完全同意。“先天下之忧而忧，后天下之乐而乐”，我们也应该大声地告诉自己，只要让天下人都有幸福的生活，我们共产党人也可以有自己的幸福生活。

◆**我：**热爱生活，珍爱生命，是人的本性。没有了对生活的热爱，人对生命的理解必然会流于粗浅和抽象，甚至会不珍惜自己的生命。而一个不珍惜自己生命的人，往往也不会珍惜别人的生命。所以说，信仰与生活一定不能断裂。丹尼尔先生，您是基督徒。在我看来，目前世界各种宗教里，信仰与生活的关系处理得比较好的，基督教应该算是一个。

◇**丹尼尔：**谢谢刘教授的肯定。不是我王婆卖瓜自卖自夸啊，基督教在这方面是真的不错。我们每个教区都有一名德高望重的牧师，他事实上就是我们的精神导师。然而，牧师也有自己的家庭生活。每次他在家里举办聚会的时候，我们都会过去参加。这时候，他的妻子就承担起了女主人的角色，忙前忙后，招待大家。所有人就像一个大家庭一样，其乐融融的。

◆**我：**可是，丹尼尔先生，您肯定也知道，这种状态不是一开始就有的。中世纪的时候，宗教改革还没有发动。当时的天主教不仅控制了欧洲社会的精神领域，而且完全侵入了普通人的生活领域，宗教信仰成了中世纪欧洲人的生活重心。可是，别说普通信徒是人，即便教士也是人。是人，就一定会有生命的逻辑，就一定会有生活的需求。一旦信仰完全取代生活，生命就会陷入被抽象、被扭曲的危险之中。当时的天主教认为，教士应该全身心地侍奉上帝，不能有人间的欲望，不能有家庭，不能娶妻。可是，这做得到吗？尤其是在教士们掌握了巨大权力的情况下？于是，一方面是高不可攀的信仰要求，另一方面则是被死死压抑的人性欲望，信仰与生活断裂了。断裂制造出来的，必定是裱糊于两者之间的虚伪。于是，欧洲中世纪的中后期，教会一方面大谈全心敬奉上帝，另一方面大卖“赎罪券”疯狂敛财——教会居然无耻地对信徒说：只要你们的金币在里边叮当一响，你的灵魂就得救了。

◇**李勇：**哈哈，这不是和今天中国的有些寺庙一样吗？有些暴发户往寺庙里整捆整捆地扔钱，以为这样就可以洗刷自己的罪过了；然后，另一些人就像苍蝇盯上了臭肉一样，不择手段地把寺庙做成了一门大生意，结果成了暴发户。

◆**我：**的确有点像，只不过这些暴发户的逻辑是反过来的——不是信仰侵入了生活，而是生活侵入了信仰。不过，不管是哪个逻辑，最终的结果都是一样的，那就是虚伪和龌龊。雨果的小说《巴黎圣母院》你们看过了吗？

◇**小安：**看过的，电影也看过。

◇**阿依古丽：**我也看过了。上次您叮嘱我有空要多看经典小说，我就从学校的图书馆借了好几本小说，其中就有雨果的《巴黎圣母院》。

◇**求吉卓玛：**我也从学校的图书馆借来看了，印象很深。您上次在电话里提到过这本小说，于是我到了图书馆，第一本就去找它。

◆**我：**你们知道叔叔为什么会专门提到这本小说吗？因为我想让你们知道，如果宗教过多地侵入世俗生活，会产生什么样的后果。巴黎圣母院的故事被雨果设定在了 15 世纪的路易

电影《巴黎圣母院》剧照

十一时期。那时候，马丁·路德的宗教改革还没有开始发动，欧洲还处于天主教的黑暗统治之下。巴黎圣母院的副主教克洛德表面上道貌岸然，过着清苦禁欲的修行生活，内心里却从未泯灭对世俗生活的欲望和追求。平时还不太看得出来，然而，当美丽的吉普赛女郎爱斯梅拉达出现的时候，克洛德心中的禁欲长堤一下子就垮掉了。他和其他人一样，喜欢上了爱斯梅拉达。可是身为副主教的他已经献身于上帝，不能有任何的儿女私情。于是，在天人交战的煎熬中，克洛德的人格终于在彻底分裂中滑向了卑鄙的深渊。他先是指使卡西莫多劫持爱斯梅拉达，接着乔装打扮刺伤情敌弗比斯并嫁祸于爱斯梅拉达，最后在确认得不到爱斯梅拉达的情况下，疯狂地将她送上了绞刑架予以毁灭。在雨果的笔下，克洛德也曾是一位勤奋的学生，博学的天才，而且并不缺乏爱和同情心——他抚养了襁褓中的弟弟小热昂，收养了丑陋的弃婴卡西莫多。倘若信仰与生活不曾如此断裂，相信克洛德的人格也不会如此扭曲。雨果对克洛德这个人物的塑造并非空穴来风，因为中世纪天主教会的确曾将成千上万的美丽女子当成“诱惑犯罪”的“女巫”绞死烧死。从信仰与生活的断裂走向毁灭生命的疯狂，所谓的宗教就已经游走在了宗教极端乃至邪教的危险边缘。难怪14世纪文艺复兴的主将彼得拉克会那么激烈地批判了——“基督教会成为全世界的臭水沟，所有的污秽，所有肮脏的东西，无不出于这个基督教会，罗马天主教。”

◇**李勇：**真没想到，原来天主教也有这样的“黑历史”。

◇**丹尼尔：**确实如此，也正是因为中世纪的宗教黑暗，所以才有了后来的文艺复兴和宗教改革，也才有了我们现在的新教。

◆**我：**是的，当历史的钟摆摆到了信仰的极端，就注定会向生活的极端急剧回摆。中世纪的宗教黑暗终于引爆了文艺复兴的人文主义狂潮，欧洲社会从“神”的极端迅速走向了“人”的极端。“我是人，人所具有的我都具有”——彼得拉克引用的这句罗马古诗成了这场人文主义运动的战斗号角。然而，从信仰的极端摆向生活的极端一定不是历史钟摆的最后均衡。人文主义运动在解构神权桎梏，张扬人性自由，推动科学进步的同时，也带来了信仰崩塌、个性膨胀、物欲横流的严重后果。原来，没有生活的信仰固然是一种残缺，没有信仰的生活同样也是一种残缺。于是，历史的钟摆再次回摆，宗教再次被推上了历史的前台。不过这一次，人与神之间的较量不再是一边倒了，信仰必须兼顾生活，宗教必须予以改革。1517年万圣节前夕，马丁·路德神父在威登堡大学教堂门口石破天惊地贴出了《九十五条论纲》，从而拉开了欧洲宗教改革的大幕。

◇**丹尼尔：**刘教授，您知道吗？我就是路德宗的。欧洲的宗教改革的确是由马丁·路德神父最先发动的，路德宗至今已有 500 年的历史了，现在我们在全世界有 6840 万兄弟姐妹。

◆**我：**我已经猜出您是路德宗的了。抛开世界观的不同，我有时觉得马丁·路德的“因信称义”和王阳明的“致良知”颇有些相通之处。我们今晚能够探讨得这么深入，估计跟这个也有点关系。

◇**丹尼尔：**我也学过王阳明的《传习录》，很喜欢“心即理”“致良知”“知行合一”的道理。王阳明临终前，他的弟子问他有何遗言，他说：“此心光明，亦复何言。”刘教授，您知道吗，几百年前的一句话，瞬间就击中了我的内心，那感觉真的很像“因信称义”。

◆**我：**那您有空的时候不妨做个比较研究，看看马丁·路德之于天主教与王阳明之于宋明理学是不是有什么相通之处。王阳明比马丁·路德大 11 岁，而他被贬龙场的时间（公元 1506 年）也比马丁·路德贴出《九十五条论纲》的时间（公元 1517 年）早 11 年。换句话说，两个人悟道的年龄都是 34 岁。

◇**丹尼尔：**啊，还有这事？

◆**我：**言归正传。马丁·路德的《九十五条论纲》公开反对教会出卖“赎罪券”，反对教会充当上帝的代言人。最要命的是，马丁·路德认为教士也可以有自己的生活，也可以娶妻

马丁 · 路德张贴《九十五条论纲》(油画局部)

生子。他自己在贴出《九十五条论纲》之后没几年，就与一位从修道院逃跑的修女结了婚，一口气连生 6 个孩子。对于中世纪欧洲社会来说，这些改革主张真可谓是石破天惊。然而在当时印刷条件十分糟糕的情况下，这张战斗檄文在 4 周之内传遍了整个西欧，从而撞开了欧洲宗教改革的沉重大门，也给全欧洲带来激烈的神学辩论，可怕的宗教分裂以及血腥的宗教战争。经过 100 多年的反复博弈之后，新教终于获得独立的合法地位，与旧教形成了分庭抗礼的格局，这就是今天基督教和天主教并存的历史渊源。

◇**丹尼尔：**这就是马丁 • 路德神父的伟大之处。尽管天主教并没有被全盘改革成新教，然而新教的崛起还是从根本上冲击了旧教的黑暗与腐败，从而推动了旧教的变革与自新。这也正是我们路德宗感到最骄傲的地方。

◆**我：**在我的理解中，马丁·路德宗教改革最大的贡献就是为基督教搭建了一道从天堂到人间的梯子，从而让信仰与生活实现了一定程度的统一。当年被骂成“全世界的臭水沟”的基督教如今居然会获得新生，这大概是14世纪的彼得拉克所无法想象的。对了，你们是不是觉得有点奇怪，我为什么要花这么长的时间来讨论基督教的宗教改革？

◇**小安：**是啊，为什么呢？

◆**我：**“以人为鉴，可以明得失；以史为鉴，可以知兴替。”基督教的宗教改革史告诉我们，任何一种宗教乃至任何一种信仰，都必须解决好信仰与生活之间的关系问题。因此，前面的讨论，我是“醉翁之意不在酒”，或者说，是“项庄舞剑，意在沛公”——既然基督教信仰可以搭建一道从天堂到人间的梯子，那么凭什么说共产主义信仰就不能做到呢？共产主义是我们的信仰，社会主义是我们的生活，今天的共产党人既要学会仰望星空，又要学会脚踏实地；既要建立崇高的信仰，又要建设美好的生活。没有崇高信仰的指引，我们终究无法建设美好的生活；没有美好生活的托举，我们终究无法保持崇高的信仰。

◇**李勇：**刘哥，我明白了，这个问题真的好重要。

◇**丹尼尔：**刘教授，作为朋友，我祝福你们。

◆**我：**谢谢。其实不管是哪一种信仰，只要不能正确处理信仰与生活的关系，就很容易走向极端，宗教改革前的基督教是如此，今天的伊斯兰极端主义也是如此。这些年来，ISIS

链接

“三股势力”

2001 年 6 月 15 日，上海合作组织签署《打击恐怖主义、分裂主义和极端主义上海公约》，首次对“三股势力”进行明确定义。所谓“三股势力”，就是宗教极端势力、民族分裂势力、暴力恐怖势力的合称。“三股势力”的表现形式虽有所不同，但在本质上是你中有我，我中有你的。他们沆瀣一气，同流合污，打着民族、宗教的幌子，煽动民族仇视，制造宗教狂热，鼓吹对“异教徒”进行“圣战”，大搞暴力恐怖活动，残杀无辜，挑起暴乱骚乱，其根本目的就是要推翻中亚各国的世俗政权，建立“纯粹伊斯兰政权”。中国也深受“三股势力”之害，“东突”恐怖势力就是“三股势力”的主要力量之一。该势力以将新疆从中国分裂出去为目标，与中亚地区的一些恐怖组织相互勾结，在境外建立基地、培训暴力恐怖分子，不断派人潜入中国境内，策划、指挥了一系列恶性恐怖事件。

等宗教极端组织在中东乃至全世界的肆虐残害了多少无辜的生命，中国的西北边疆地区同样深受其害，“三股势力”——恐怖主义、分裂主义和宗教极端主义——在新疆制造了许多惨绝人寰的暴恐事件。你们知道吗，阿依古丽的村子就曾经发生过一次十分严重的暴恐事件。

◇**阿依古丽：**是的，在那次暴恐事件中，有十几个暴徒半夜翻墙进院，将 6 个在村里承包种地的汉族农民全都杀害了。我真的好痛恨这些泯灭人性的暴徒。

◆**我：**宗教极端主义的土壤一日得不到清除，新疆人民的安宁与幸福就一日得不到保障。面对这场世界性的生死挑战，各个国家都在竭尽全力地予以应对。不过，丹尼尔先生，如果说这个世界上有哪个国家具有最强大的应对危机的能力，我想咱们的答案一定是一样的。可是，现在问题来了——如果中国的应对措施得力有效，是不是也可以成为一种被西方社会诟病的“罪过”？丹尼尔先生，你说呢？

◇**丹尼尔：**我明白您的意思，刘教授，您的问题突然让我很语塞。我不想马上说什么，不过我知道，尽管可能还有一些可以探讨的地方，但是现在我心中的答案很可能已经不是原来的那个了。

◆**我：**阿依古丽和求吉卓玛是我在南疆和藏区的许多孩子中的优秀代表，我每年假期都要不远万里地去看望这些孩子。在阿依古丽的家乡，还有个孩子叫阿依夏，她的父亲由于受到宗教极端的影响，曾经参加过非法讲经活动，因此去年被要求参加集中教育培训，学习法律和国语，同时培训劳动技能。去年夏天，我到阿依古丽的家乡看望孩子们的时候，曾经专门和阿依夏单独谈过。我对她说：“在你还没有出生的时候，中国曾经发生过一

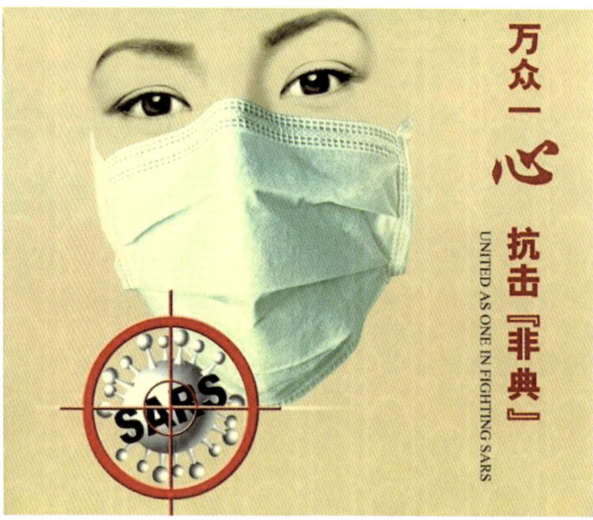

万众一心　抗击“非典”

次十分严重的呼吸道传染性疫情，叫 SARS。这种变异性病毒十分致命，许多被感染的人都死掉了。最可怕的是，这种病毒可以通过呼吸传染，而且还有潜伏期，被感染之后，一时半会儿看不出来，更增加了传染的概率和防疫的难度。就这样，一传十，十传百，疫情每天都在以几何级数扩张。如果任由疫情扩张，那么用不了多久，整个中国就将全部沦陷。为了挽救国家民族于危亡之中，中国政府采取了断然的应对措施，仅用了七天七夜，就抢建出小汤山医院，然后动员全国资源，不仅将所有的疑似病例全部收治，而且将所有与疑似病例有过密切接触的人全部实施隔离观察，直到确认健康之后才允许出院。事实证明，这一应对措施十分有效，肆虐神州的 SARS 疫情最终被我们有效控制并彻底消灭。阿依夏，你要牢牢记住，宗教极端主义就是一种十分可怕的思想传染病，也有潜伏期，也可以做到一传十，十传百。如果任由其扩张，新疆乃至全中国必将陷入生死存亡的危机之中。现在，我们正在采取各种有效措施，全力以赴地应对这场可怕的思想传染病，治病救人。相信叔叔，用不了多久，爸爸就会健健康康回家的。等到那个时候，叔叔一定再来和你们相聚。”

◇**阿依古丽：**叔叔，阿依夏现在挺好的。您帮她转学之后，她的学习成绩也逐渐稳定了。还有，您知道吗，我昨天出发的时候，听说她的父亲刚刚回家了。

◆**我：**是的，她的父亲是昨天回家的。阿依夏第一时间就告诉了我，昨天晚上，全家人还和我视频聊天了好一会儿。阿依夏的父亲看上去状态还不错，过去他连一句国语都不会讲，现在居然能够和我对话了。他说，特别感谢这段时间里我对阿依夏的照顾。其实啊，经济上的照顾还在其次，更重要的是精神上的陪伴。阿依夏六年级了，在她人格成长的关键时刻，爱不能缺席。

◇**丹尼尔：**刘教授，我忽然有点百感交集，不知道该说什么才好。唯一能够说的就是——不管如何，谢谢你们给了我观察世界的另一双眼睛。

◆**我：**谢谢您的理解和支持。

◇**小安：**刘教授，虽然时间不早了，但是我还有一些关于信仰问题的小疑惑，不知道能不能说出来？

◆**我：**小安请讲。

◇**小安：**您知道的，咱们国家经常宣传一些英雄模范，可是很多人都有点抵触心理，都觉得这些英雄模范太高大上了，一点也不接地气。到头来，你宣传你的，我做我的，一点用也没有。刘教授，这算不算是信仰与生活的脱节呢？

◆**我：**这是一个好问题。我来举个例子吧。有一次，我们学院请郭明义老师来做报告。郭明义老师的事迹十分感人，很多学员和同事都流泪了。辽宁电视台采访我的时候，问了我一个问题："刘教授，我们经常跟随郭明义事迹报告团到各个地方，听到过很多的声音。很多人在私下里说：郭明义好是好，学不了啊——郭明义那么高大上，我们怎么可能做得到呢？既然学不了，做不到，那么到头来，你这个模范就算是白树了。刘教授，您是怎么看待这个问题的？”我说：“你说对了，郭明义好是好，学不了。千万不要以为，每个人都能够做得跟郭明义一样好。人性有一个完整的光谱，不可能强求每个人都像郭明义那样。不过，我后面还有一句话呢，那就是——学不了，还得学。为什么呢？因为人不一定需要天天在天上，但是人需要天天在向上。我们学习郭明义，不是要做得跟他一样好，而是要从他的身上获得向上提升自己的信心和能量。向上攀登不一定能够攀到峰顶，但是至少可以阻止自己向下堕落。”

链接

“当代雷锋传人”郭明义

郭明义，辽宁鞍山人，鞍钢集团矿业公司齐大山铁矿生产技术室采场公路管理业务主管。郭明义 40 多年如一日学雷锋做好事，时时处处发挥共产党员的先锋模范作用，被人民群众誉为“当代雷锋传人”。在鞍钢当汽车司机，他创造了单车年产最高纪录；任车间团支部书记，他所在的支部是红旗团支部；当宣传干事，他写的党课教案荣获一等奖；在车间当统计，他第一个获得资质证书；做英文翻译，他赢得了外方专家赞扬。调任矿山公路管理员后，他每天提前两个小时到现场，双休日、节假日从不休息。郭明义还积极投入希望工程、无偿献血、捐献造血干细胞、捐献遗体器官等活动，19 年献血 6 万毫升，是他身体血液的 10 倍多。习近平总书记指出，雷锋、郭明义、罗阳身上所具有的信念的能量、大爱的胸怀、忘我的精神、进取的锐气，正是我们民族精神的最好写照，他们都是我们“民族的脊梁”。

◇**小安：**人不一定需要天天在天上，但是人需要天天在向上。

◆**我：**中国有句老话："取法乎上，仅得其中；取法乎中，仅得其下。"那么，如果"取法乎下"呢？早晚堕落。常在河边走，哪能不湿鞋？一个甘心在底线上爬行的人，随时都有可能跌穿底线，从而坠入万劫不复的深渊。想想就能明白，看到悬崖，正常人总是尽可能地远离，以免发生不测。既然地理的悬崖你都不敢靠近，为什么法律和道德的悬崖你就敢靠近呢？

◇**李勇：**没错，真的是这个道理。

◆**我：**有些人在生活中遇到英雄模范，总觉得他们把自己皮袄下的"小"给映衬出来了，于是想方设法地寻找英雄模范的缺点——天底下哪儿有没有缺点的人？一旦找到或者自以为找到英雄模范的缺点，就无限放大，甚至诋毁和辱骂他们。一句话，不是见贤思齐，而是希望把巨人也变成侏儒。因为缘分，我认识很多这样的英雄模范，对他们还算比较了解。在我看来，尽管这些英雄模范都不是完人，然而他们的人格已经修炼得如同一面明镜。你觉得镜子里的人长得美吗？其实不是他长得美，而是你长得美；你觉得镜子里的人长得丑吗？其实不是他长得丑，而是你长得丑。没错，这面镜子把你的内心给照出来了。从某种意义上说，一个社会对待自己的英雄模范的态度，很大程度上决定了这个社会的道德水准。学他两点行不行？做不到？那就学他一点？也做不到？那就点他一声赞？点他一声赞，总不费你力气吧？点他一声赞，也总比骂他一声要好啊。请记住，敌人可以让英雄流血，只有亲人可以让英雄流泪。英雄流血不流泪，是一个好社会的标志；英雄流血又流泪，是一个坏社会的标志。一个好社会的标准，其实就掌握在我们这些普通人的手里。

◇**小安：**刘教授，谢谢您的解答。我还有最后一个问题：现在很多大学生，包括我自己在内，都有一种“小确幸”的思想。我很快就要毕业了，现在都能想象得出来，以后在单位里做一份工，日复一日，年复一年，枯燥而又重复。这种生活真的能支撑得起崇高的信仰吗？会不会很快就把现在这点书生意气消磨殆尽啊？

◆**我：**小安，你不是第一个问我这个问题的人了。有一次我受邀到一家航空集团做讲座。有人举手问我：“刘教授，听了您的讲座我很受感动，不过我的工作十分枯燥而又重复，我怎么在这种枯燥而又重复的工作生活中建立崇高的信仰呢？”我问：“你是做什么工作的？”他说：“我是一名机械师。”我说：“哦，那你是不是觉得我的工作很高大上啊？”他说：“对对对，我觉得您的工作很高大上。您看，您想研究什么就研究什么，想说什么就说什么。像您这样的工作，的确可以建立崇高的信仰。”我说：“你错了，其实我的工作也很枯燥重复的。远的就不说了，就说我给你们讲的这场《信仰与生活》的讲座吧，你猜猜我讲过多少场？我给团市委讲过一次，很多团委书记都想让我到他们单位去讲。我给市级机关工委讲过一次，很多机关党委书记也想请我到他们单位去讲。我有点招架不住了，只好开始推辞。结果他们说，刘教授，帮个忙好不好？现在我们的年轻人太需要信仰了。要不这样吧，您工作日没空，周末行不行？白天没空，晚上也行啊。看到他们如此真诚，我只好硬着头皮去。于是，上午讲了下午讲，白天讲了晚上讲，真的是相当的枯燥而又重复。然而，我绝对不敢有任何的怠慢，每次都要投入最饱满的精神状态，因为我知道，重复是因为有价值，重复是因为被需要——人家之所以会请你来重复，就是因为觉得你的课还有价值。假如一个老师开了一门课，试讲了一次，没下文了。说明什么问题？说明这门课没有价值，你想重复都不会有人给你机会的。”

◇**李勇：**重复是因为有价值，重复是因为被需要。太棒了，以后给乡镇里的年轻人做思想工作，我可就有话说了。

◆**我：**仔细想想，我们这些人不生产一粒粮食，不生产一寸布，为什么会有饭吃，会有衣穿？认真做好自己的这份工，就是我们参与社会分配的根本立足点。更何况，只要在重复中掌握规律，在枯燥中寻求创新，我们就可以从中感受到很多乐趣，就可以做到行行出状元。

◇**丹尼尔：**没错，中国的谚语——三百六十行，行行出状元。

◆**我：**最后，我还有一句话想与你们分享，那就是——工作只有分工不同，没有高低贵贱之分。小安，你知道这句话是谁说的吗？

◇**小安：**不知道，是谁说的？

◆**我：**是刘少奇主席说的。1959 年，刘少奇主席在接见全国著名劳动模范、掏粪工人时传祥的时候，握着他的手说：

“革命工作只有分工不同，没有高低贵贱之分。”在人生的一楼，我觉得这句话是对的；后来，到了人生的二楼，我觉得这句话是错的；再后来，到了人生的三楼，我又觉得这句话是对的了。不管人生怎么走，总要爬过三层楼。为什么现在我觉得这句话是对的呢？举个例子吧。几年前的某一天，我带着女儿出门。在小区门口，保安帮我们刷了卡，然后很认真地向我们敬了个礼。出了小区，6 岁的女儿就问我：“爸爸，你说这保安叔叔是不是钱挣得特别多啊？”我说：“没有啊，保安叔叔钱挣得不多。”女儿很奇怪：“那他为什么要这么努力工作啊？每次见到我，都冲我笑，还叫我小名。”我说：“正因如此，所以你要特别尊敬保安叔叔。他钱挣得不多，如果连基本的职业尊重都得不到的话，有一天他不干保安了，那你只好自己当保

劳动者的微笑最美丽

安了。”女儿说：“为什么要我当保安啊？”我说：“因为你需要保安啊。你在外面旅游，家里没有保安帮你看门能行吗？晚上小偷来了，没有保安叔叔帮你抓小偷能行吗？既然你需要保安，那为什么不尊重他呢？其实啊，不管是保安叔叔还是清洁工人，都是我们正常生活不可分割的一部分，他们与我们之间早已结成了一个真正的命运共同体。一个人的手为什么要看不起自己的脚呢？难道只是因为它踩在泥里吗？可是，如果没有了脚，那就用手去走路？如果没有了手呢？那就用脑袋去走路？工作只有分工不同，没有高低贵贱之分。任何一个为社会所需要的工作，不管是保安还是清洁工人，都值得我们尊重；任何一个不为社会所需要的工作，不管他是有钱还是有权，都不值得我们尊重。”

◇**小安：**“工作只有分工不同，没有高低贵贱之分”，谢谢您，我想我会把这句话永远记在心里的。

◇**丹尼尔：**今天真的收获好大啊！我也要谢谢您，不，应该谢谢你们每一个人——要谢谢李勇，谢谢小安，更要谢谢古丽和卓玛，是你们的真挚情感打动了我的内心，家国情怀不在天边，就在你们每个人的身上。我真的没想到，原来不同信仰的人，也可以把信仰问题探讨得如此深入，达成这么多的共识，还能够做到相互欣赏，相互尊重。

◆**我：**那是因为我们的态度都是实事求是的，都是真诚的。我也要感谢你们两位，今晚你们提出了很多真问题，从而让我们的讨论变得富有意义，也让我从你们身上学到了很多的东西。时间的确是不早了，咱们今晚的讨论就到这里吧。古丽，卓玛，今天晚上把你们两个累坏了吧？

◇**阿依古丽：**我一点儿都不累。我感到特别开心，今晚我学到了好多书本上学不到的东西。

◇**求吉卓玛：**我也不累，叔叔。我已经把今晚的时光和故事都装到心里去了，一辈子都不会忘记的。

◇**李勇：**今晚真的好棒，古丽和卓玛也特别棒。刘哥，那我就送你们回东村客栈休息吧。刚才看大家谈得那么投入，我不敢扫大家的兴，就没有提议去吃夜宵。我请人准备了一些咱们汶川过年的特色点心，已经放在你们的房间了，晚上饿了的话可以吃点儿。明天早上，张书记和抗震救灾的战友们都要来看您，咱们再好好地聚聚吧。

◆**我：**好的，丹尼尔先生，小安，你们也回去休息吧。明

今日映秀

天上午，咱们映秀家国情怀广场见。

◇**丹尼尔：**明天见。

◇**小安：**明天见。

道别了丹尼尔和小安，我们步出了映秀书院。夜深邃，天空如墨，星河如练。我深吸了一口汶川初春的凛冽空气，忽然瞥见阿依古丽的眼睛里似乎有泪光在闪动，便问她怎么了。阿依古丽搂着求吉卓玛，微笑地看着我，说："叔叔，我真的好骄傲，我是一名中国人。"